改革开放四十周年与长江经济带发展

第四届长江经济带发展论坛论集

主编：王 振　副主编：陈国政

上海社会科学院出版社

大会现场(一)

大会现场(二)

大会现场(三)

现场讨论

上海市委宣传部副部长燕爽致辞

光明日报社总编辑张政致辞

上海社会科学院院长张道根研究员致辞

南通大学党委书记浦玉忠教授致辞

上海社会科学院党委副书记王玉梅研究员主持论坛开幕式

四川社会科学院副院长盛毅研究员主持专家演讲

上海社会科学院生态与可持续发展研究所所长周冯琦研究员主持会议

南京大学原党委书记、长江产经研究院首席专家洪银兴教授作主旨演讲

重庆社会科学院党组书记、院长陈全研究员作主旨演讲

上海社会科学院副院长王振研究员作主旨演讲

江苏长江经济带研究院院长、南通大学原党委书记成长春教授作主旨演讲

江西省社会科学院副院长孔凡斌研究员大会演讲

江苏省社会科学院财贸研究所所长孙克强研究员大会演讲

湖北省社会科学院长江经济带研究所所长彭智敏研究员大会演讲

湖北省社会科学院副院长秦尊文研究员大会演讲

华东师范大学城市发展研究院院长曾刚教授大会演讲

国家发改委宏观经济研究院战略规划室主任孙长学大会演讲

上海社会科学院法学研究所所长叶必丰教授大会演讲

重庆社会科学院产业经济研究所副所长马晓燕研究员大会演讲

上海社会科学院世界经济研究所国际贸易室主任沈玉良研究员大会演讲

目 录

共抓大保护

区域大合作

相关媒体报道

论坛章程及学术委员会

前　言

第四届长江经济带发展论坛，于 2018 年 4 月 18 日在上海社会科学院举行。本届论坛由上海社会科学院、光明日报社、南通大学联合主办，湖北省社会科学院、重庆社会科学院、四川省社会科学院协办。

推动长江经济带发展是党中央作出的重大决策，是关系国家发展全局的重大战略，对实现“两个一百年”奋斗目标、实现中华民族伟大复兴的中国梦具有重要意义。习近平总书记特别强调，推动长江经济带发展必须从中华民族长远利益考虑，把修复长江生态环境摆在压倒性位置，共抓大保护、不搞大开发，努力把长江经济带建设成为生态更优美、交通更顺畅、经济更协调、市场更统一、机制更科学的黄金经济带，探索出一条生态优先、绿色发展的新路子。

本届论坛以“改革开放四十周年与长江经济带发展”为主题，特邀来自全国各地研究长江经济带问题的一批知名专家学者，开展了为期一天的深度研讨。论坛分为三个环节：第一个环节的议题是“发展与机遇”，总结改革开放四十年长江经济带的发展成就，探讨未来协调发展中的重大政策与机制问题；第二个环节是“共抓大保护”，立足“共抓”，探讨长江经济带生态为先、绿色发展的新路子；第三个环节是“区域大合作”，围绕协同创新、产业合作、互联互通、自贸区等重要问题，探讨长江经济带增强新动能、实现高质量发展的路径。

本论坛文集，主要汇集了14位专家学者的演讲报告。我们特别感谢各位专家学者在论坛上的精彩演讲，并为此所作的精心准备；感谢上海市委宣传部、光明日报社、上海社会科学院、南通大学的领导支持论坛举办并作重要致辞；感谢媒体界对本次论坛的关注及广泛报道；感谢长江经济带发展论坛专家委员会对论坛的指导；感谢上海社会科学院出版社认真审稿支持本文集的正式出版。由于种种原因，其中部分演讲稿未经演讲专家审阅，如有不当，当属编者责任。

王　振

上海社会科学院副院长

2019年3月12日

领导致辞

上海市委宣传部副部长燕爽致辞

尊敬的张政主编、洪银兴书记、各位领导、各位来宾、同志们：

大家上午好！首先我代表上海市政协主席、市委宣传部部长董云虎同志对第四届长江经济带论坛的召开表示热烈的祝贺，对出席会议的各位领导同志们表示衷心的感谢。

大家知道，长江经济带是国家确立的三大发展战略之一，党的十九大以共抓大保护，不搞大开发，推动长江经济带的发展。我们依托黄金水道，打造长江经济带发展，是党中央谋划新棋局的重大举措。长江经济带战略的实施，有利于保护长江生态环境，有利于挖掘中上游广阔的土地所蕴含的巨大内需潜力，从沿海向沿江内陆扩大，也有利于城镇化的布局，还有利于形成上中下游优势互补、协作互利的格局，缩小东中西部的差距。培育国际经济合作竞争的新优势，所以党中央、国务院对长江经济带的发展高度重视。上海市委市政府对推动长江经济带的发展也做出了积极的努力，中央在提出长江经济带发展战略以来，长江经济带 11 个省市都积极行动起来，特别是围绕生态为先、绿色发展这一宗旨，都出台了地方实施的意见和实施规划。

上海也在2017年10月正式公布了《上海市推动长江经济带发展实施规划》,我们学界、智库也积极响应,加强研究、加强交流,更好地发挥作用。上海社会科学院张道根同志长期在我们市委决策机构是负责人,是我们市委的秘书长。我前面提到上海推动长江经济带发展实施规划,也是张道根院长在市委工作期间组织制定的。

2018年是贯彻党的十九大精神的开局之年,十九大报告中习近平总书记发出了号召,我们要逢山开路,遇水架桥,我们的主题是改革开放40周年与长江经济带发展,是我们全面贯彻习近平新时代中国特色社会主义思想的一次很好的实践。

我们知道,过去40年长江经济带既是改革开放的实践者,也是改革开放的分享者,长江经济带各个省市都表现出了突出的开放性和改革的坚定性,为国家经济快速发展,为构建开放性经济体系,为加快建成小康社会做出了重大贡献。作为改革前沿的长江经济带,更应该站在新时代的最前沿,更好地肩负起中华民族伟大复兴的重大使命。

本届长江经济带发展论坛是由光明日报社、上海社会科学院、南通大学共同举办的,在这里我特别要感谢南通大学,成书记在南通大学工作期间,南通大学各方面的学科都很好,印象最深的就是长江经济带的研究,可以说独树一帜。

我们欢迎成书记继续支持关心上海这方面的研究,给我们以支持和帮助。同时湖北、重庆、四川4家社会科学院也参与协办,非常感谢张政总编百忙之中抽出空来莅临我们的论坛,一会儿还要作重要的讲话。还要感谢我们5家智库单位共同协办长江经济带论坛,体现了智库对长江经济带这一重大战略的自觉参与和担当精神。第一届是在南通大学举办的,他们抓住了机遇,开了好头。3年前,中宣部专门部署了一个重大课题,叫长江经济带重大战略研究,这个课题是由我们市委宣传部来牵头,董云虎部长牵头,我们和湖北、重庆、四川社会科学院通力合作，所以这次长江经济带论坛有 4 家参与进来了。

为了提升长江经济带论坛的影响力，据了解，论坛将探索建设长效化的机制，在各地轮流举办。今年在上海举办，明年在其他沿江城市，这里我恳请光明日报社张政主编继续关心支持我们这个论坛，我们共同负担起长江经济带的发展，也是我们承担起中华民族振兴发展和知识分子的当代使命。最后预祝本次论坛圆满成功，谢谢大家！

光明日报社总编辑张政致辞

尊敬的燕爽副部长、各位专家、各位领导：

大家上午好！在草长莺飞、万物向阳的日子里，第四届长江经济带发展论坛如期举行。这个会非常重要，将来会倾我们光明日报社的力量，我们一起服务好这个论坛。长江经济带发展论坛持续举办，往届的论坛对长江经济带世界影响已凸显，都取得了很好的学术影响，也为政府相关的决策提供了有力的参考。

本届论坛的主题是改革开放40周年与长江经济带发展，在改革开放宏大的背景下，解析长江经济带的发展，具有重大的意义。新时期优化我国经济发展空间格局的三大支撑带战略之一，经过近年来的大力推进和切实的建设，长江经济带建设取得了长足的成绩。

正如习近平总书记在党的十九大报告中所说的一样，这一块包括全国经济总量四成的区域。新时代开启新征程，我们以更宽的视野谋划和推进改革开放，在这样的背景下，长江经济带发展面临哪些机遇？肩负着怎样的使命？应该如何持续推进？争取更为丰硕的成果，这都是摆在我们面前的一道时代考题。党的十九大报告已经给出了这个考题解题的方向，继续以共抓大保护，不搞大开发为导向，推动长江经济带发展。以共抓大保护为导向，推进区域大合作，使命重大，任务艰巨，前景光明。

长期以来在开发和保护命题上总会存在二选一或者多选一的问题，长江经济带也不例外，是不是只有发展的项目才能带来经济的发展？长江经济带的探索，从理念到路径给出了一个否定的答案，随着生态文明理念深入人心，随着绿色发展日益显现出现实威力和巨大的潜力，我们找到了大保护，坚决刹住无序开发的势力，在友好的环境下实现可持续的发展。

加强党的建设、以人民为中心，习近平总书记始终挂念。我们这次到上海来，还要调研上海在党的建设方面好的做法，我们说上海是全国所有的城市当中管理最精良的，理念最先进，所以长江经济带在上海举办这样的论坛，围绕着如何以人民为中心，这都是破解未来发展问题的钥匙。经过几年的生态修复，我们看到一幅新图纸呈现在长江沿线，一些采砂厂变成了公园；一些工业排放区域变成了高端的区域，可以说长江经济带面临的艰难取舍是整个中国经济转型发展难题的缩影。而长江经济带今天打开了全新天地，同样可以为全中国经济转型升级提供钥匙和参考。当前，中国经济正在由高速增长阶段向高质量阶段迈进，长江经济带坚持生态优先、绿色发展，正是实现高质量发展的题中应有之义，为我国经济社会迈向新的高度写下了新的记录。

按照高质量发展的要求，打好防治污染攻坚战，使绿水青山产生巨大的经济效益，使长江经济带保生态效益。《光明日报》的名字和改革开放连在一起，40 年前《光明日报》在一版刊发重要文章——《实践是检验真理的唯一标准》。40 年来，《光明日报》不断开拓创新，对改革开放的新举措、新气象、新作为密切关注，并发挥报纸、官微的力量，针对长江经济带发展，近年来，《光明日报》首先推出了“江流又一春”，长江经济带生态发展的战略决策，感受长江经济带人文生态的传承与留恋等通讯报道。

尤其是 2018 年 1 月，在推动长江经济带发展座谈会 2 周年之际，《光明日报》头版推出共赴绿色之约、守护母亲河，我们的获得感是实实在在的多篇报道。从不同角度描绘了长江经济带发展的新主题。创刊于 2014 年 12 月的《光明日报》智库版，为党和政府提供咨政建言，聚焦我国区域发展的战略，特别是长江经济带的建设。先后推出了江河流域建设等多篇报告和对策建议，传递了民生关切。

在这里我们要感谢此次论坛两家合作单位：上海社会科学院和南通大学。上海社会科学院作为国家高端智库，牵头进行相关的课题研究，推出了大量高质量的研究成果、咨政建议。南通大学以江苏长江经济带研究院等智库机构为重点平台，立足江苏、放眼全国，开展了形式多样、内容厚重的研究成果，在业内、学界引来了广泛的关注。我们将在智库建设、理论传播等各个方面加强合作、共同前进。我们也对今天论坛的协办单位以及全体参会的嘉宾、广大的专家学者表示感谢。

让我们在习近平新时代中国特色社会主义思想的指导下，以人民为中心，迈向美好生活的新征程，为推进长江经济带发展，加快生态文明体制改革，加快形成绿色生产和生活方式贡献我们的智慧、力量，预祝会议取得丰硕的成果，谢谢大家！

上海社会科学院院长张道根研究员致辞

尊敬的张政总编辑、洪银兴书记、燕爽副部长，还有我们南通大学的老书记，尊敬的各位来宾、各位专家学者：

很高兴跟大家相聚在我们上海社科院，也非常欢迎大家来到上海参加这样一个论坛。刚才燕爽副部长、张政总编辑讲得很好，作了深入的阐述和精辟的分析，提出了明确要求。不仅对我们这一届长江经济带发展论坛有很好的启迪和指导，也对以后的长江经济带研究有重要的指导和启示作用。所以我们要把这些东西掌握好，更好地推动长江经济带的发展。

上海社科院一直参加上海有关的论坛，特别是我们长江经济带的论坛，我们感到在这样的时间选择改革开放40周年与长江经济带发展这样一个主题，作为这次论坛的一个核心、一个主题，非常重要。

今年是改革开放40周年，四十而不惑，一系列重大改革的全面部署，重大制度安排和战略谋划都已待定，关键是深入推进。改革是推进社会主义现代化建设的关键一招，也是坚持和发展中国特色社会主义的关键一招。把改革开放和长江经济带建设融合在一块儿，我觉得是一个非常重要的选择。长江经济带战略是中国区域协调发展的三大战略之一，所以我觉得今天围绕这个主题讨论，大家可以畅所欲言，为下一步中国的改革开放和长江经济带的发展提出更多有益的意见和建议。

上海社科院长期从事哲学社会科学研究，今年是我们上海社科院成立60周年。上海社科院也是国家高端智库之一，所以我们社科院在上海市委市政府、在上海市委宣传部的直接领导下，将努力担负起社会科学研究的重大责任，发挥国家高端智库的职责，尽我们的努力为国家发展、改革开放做出应有的贡献。

这次长江经济带发展论坛的讨论，有几点是需要我们高度关注和认真把握的，刚才张政总编辑、燕爽副部长都已经说了，我想再简要地说几点。

一、 要牢牢把握中国特色社会主义进入新时代

我们现在研究长江经济带的发展，必须牢牢把握中国特色社会主义进入新时代这样一个新的历史发展方位，这是我们的一个历史变迁，也是我们一个重要方位。长江经济带从何而来？向何而去？必须立足于这样一个新的历史方位上，把握好这个方位，把握好高质量发展阶段，把握好中国社会主义主要矛盾的变化，把握好当今国际、国内形势深刻变革，把握长江经济带发展的重大历史方位和坐标参照。

二、 要牢牢把握全面深化改革，建立最高等级、最开放的经济体系来推动长江经济带发展

改革开放始终是长江经济带发展的动力，过去是，现在是，将来更

加是。

三、 要把握好中央对长江经济带发展的明确要求，“共抓大保护，不搞大开发”

以“生态优先，绿色发展”为引领，要求我们在长江经济带的生态环境治理，对沿岸港口的保护，要求我们在长江经济带的三个大城市群的错位发展上，有新进展。

这些都是中央明确要求的。希望我们这次会议能够更多的围绕国家战略，把握中央要求，立足长江经济带的发展，共同献计献策。我们社科院将努力为大家提供更好的沟通、联络，也希望大家以后经常光顾我们社科院，我们一起把哲学社会科学、把国家智库建设好，谢谢各位！

南通大学党委书记浦玉忠教授致辞

尊敬的张政总编、洪银兴书记、燕爽副部长，各位领导、各位专家：

大家上午好！在春意盎然的美好季节，我们相聚在上海，隆重举行第四届长江经济带发展论坛，围绕改革开放40周年与长江经济带发展，进行深入交流。在此我谨代表南通大学，向出席论坛的各位专家和领导表示诚挚的欢迎和衷心的感谢。南通大学是首批江苏大学高水平建设的高校，创办之初新校长就提出“学必施于用”的方针。

近年来，围绕区域内重大战略，围绕江苏高质量发展，围绕南通市转型升级，围绕高水平大学建设，我们不断强化人才队伍和学科平台建设，着力提高人才培养质量、科研创新能力和服务地方水平及国家事业的长足发展。长江经济带是党中央科学谋划中国发展的决策部署，我们积极对接国家战略，出台了南通大学长江经济带战略实施意见，高标准打造高校新兴智库，加快融入地方建设的主战场。

近年来，围绕长江经济带研究的重大理论和实践问题，整合学科资源，服务决策咨询，与国家发改委、工信部开展合作研究，先后承担国家社科基金重点项目，中宣部马工程重大项目子项目等各课题。在《中国社会科学》《求是》《光明日报》《新华文摘》等重要报刊发布一系列成果，受到工信部领导和江苏省委省政府主要领导肯定性的批示。研究院认为江苏省首批特约智库，成为我校服务国家战略的新兴特色。

2018 年是全面贯彻党的十九大精神开局之年，同时也是长江经济带发展论坛第 4 个年头。党的十九大提出不搞大开发、共抓大保护的精神推动长江经济带建设。以生态优美、绿色发展为引领，应成为当前和今后一段时期长江经济带发展的重大战略研究中需要着力解决的重要课题。

长江经济带发展论坛是由我校发起创办，同时由上海社科院、光明日报社协办，湖北社科院、重庆社科院、四川社科院协办。本届论坛聚焦改革开放 40 周年与长江经济带发展，相信各位专家会出谋划策、贡献智慧。作为论坛的发起单位，真诚感谢光明日报社、上海社科院，以及湖北、重庆、四川社科院等兄弟单位的通力合作，我校将一如既往为论坛提供全方位的支持。为把论坛打造成为全国知名的学术品牌而努力。

最后预祝本届论坛取得圆满成功，祝各位领导和专家万事顺意。谢谢！

主旨演讲

在同城化基础上推进长三角区域一体化

洪银兴

南京大学原党委书记、教授

一、 上海与毗邻城市同城化的必要性

提及长三角区域一体化问题，大家通常的思路就是扩容，由原来的16个市扩大到了两省一市。但是扩容的基本条件是什么？基本条件就是扩大核心区的经济实力。长三角区域一体化要解决区域内的联动问题，但更重要的是要彰显经济优势，只有优势增强了，才有条件扩容。因此，长三角不仅要成为全国的增长极，内部也应形成增长极，以长三角的内部增长极带动整个长三角的增长极。

长三角地区的内部增长极应以核心区的同城化为基础，先推进毗邻城市的同城化，培育形成增长极，在此基础上再逐步推进区域经济的一体化。而这一核心区应以上海为中心，推进毗邻城市同城化，其范围应该包括浙江的杭、绍、甬，江苏的苏、锡、常、通。毗邻城市推进区域一体化，其逻辑是形成具有内在联系、相互促进的经济板块，可以在更大范围内优化资源配置、拓展新的发展空间。

二、上海与毗邻城市同城化的可能性

上海与毗邻城市同城化的可能性就是两者经济发展水平相当。以上海和苏、锡、常、通的同城化为例，2017年，苏、锡、常的GDP总额超过上海，苏锡常的人均GDP达到14万元左右，超过上海，苏州市工业总产值也已超过上海。因此，上海与毗邻城市的同城化并非先进地区帮助落后地区的关系，而是双方的优势互补。

在产业结构方面，上海有服务业优势，苏、锡、常、通有制造业优势；在科技创新方面，上海作为科创中心，有科技创新成果，但受土地等要素的限制，科技成果的产业化缺乏足够的场地。苏、锡、常、通不仅有空间，而且科技成果转化能力强，对科技创新成果的需求旺；在社会要素方面，上海以文化、医疗为代表的社会发展水准是全国最高的，这些都为苏、锡、常、通地区的现代化所需要；在城市化和人口方面，上海明确提出要建设全球城市，全球城市的瓶颈在于产业和人口的拥挤，迫切需要像北京搞雄安新区一样在毗邻城市进行疏解。苏、锡、常、通的城市现代化需要上海提供现代城市要素，上海的国际金融、国际贸易对苏、锡、常、通来说也是迫切需要的现代城市要素，两者能够互补。因此，通过同城化能够增强上海的扩散能力，毗邻城市有土地空间，有较低的房地产价格和劳动成本，这些正是上海进一步发展所需要的。

三、上海与毗邻城市同城化的对策建议

同城化的实质不是成为一个城市，而是要共享发展资源、发展成果。同城化是在不同空间同城规划基础上的基础设施的互通、共享，以及公共服务和基本生活标准的趋同，包括产业布局的同城化、交通出

行的同城化、通勤就业的同城化、人口居住的同城化、公共服务水准的同城化、环境保护的同城化，等等。以上海为中心的核心区同城化，其抓手主要有制度合作、基础设施共享、功能分区，等等。

所谓同城化的制度安排，就是要减少分割，实现制度和政策的对接。首先，通过区域共同市场，建立统一、公平、开放、有序的市场环境；其次要实现资本、人力、科技、信息等各类生产要素的跨市优化配置，降低区域商务成本；再次是构建合理的税收转移机制和同城共享创新收益机制。南通在启东大桥建设以后，和张江靠得很近。张江是国家的科技中心，成果在上海转化或者在南通转化，牵扯到一个最大的问题就是收益和税收问题。这个问题完全可以通过税收的转移机制、同城共享创新的收益来解决。此外，要建立柔性的人才流动机制，能够使高端的创新创意人才在整个同城范围内自由流动和配置。

基础设施共享是区域一体化的战略先导。推进各个大桥连接的跨江城市同城化，长江上一座座大桥建起来，苏南和苏中已经连在一起，在此基础上完全有条件推进区域经济一体化。同城化需要有同城规划，最关键的是解决基础设施的互通、共享，以及公共服务和基本生活水准的趋同。

同城化需遵循功能分区原则。首先是要解决生态的融合，由产城融合扩大到产城生态融合。上海与周边城市的规划中都应该有生态功能区。其次是产业的协同，实现区域内城市的横向错位发展和纵向分工协作，整体推进上海和毗邻城市的科技和产业创新的一体化。通过协同创新、协同产业化能够解决好高科技产业发展的问题。上海是国家的科创中心，苏、锡、常、通是国家的科技产业基地，两者相结合将会产生巨大的作用。所以在上海与毗邻城市同城化过程中，高科技产业的协同发展能够真正成为国家示范。

重庆建设长江上游生态屏障的重要举措

陈　全

重庆社会科学院党组书记、院长

党的十九大报告明确指出“以共抓大保护，不搞大开发”为导向推动长江经济带的发展。共抓大保护，不搞大开发，源于现实的发展需求，其最终的目的就是实现人与自然的和谐共生，也是实现长江经济带绿色发展的根本遵循。重庆地处长江上游，处在“一带一路”和长江经济带的连接点上，是西部大开发的重要战略支点、全国重要的生态功能和水资源战略的储备库。遵循“绿水青山就是金山银山”的基本理念，重庆为建设长江经济带上游重要的生态屏障而不懈努力。

一、重庆建设长江上游重要生态屏障的战略意义

(一) 建设长江上游重要生态屏障是重庆服务长江经济带发展大局的内在要求

习近平总书记 2016 年 1 月 5 日在重庆组织召开了推动长江经济带发展的座谈会时提出，“要把修复长江生态环境摆在压倒性的位置”。

2018 年全国“两会”期间，习近平总书记到重庆团审议，尤其强调“要进一步保护好三峡库区和长江母亲河，事关重庆长远发展”。

（二）建设长江上游重要生态屏障事关国家安全

长江经济带生态屏障的建设，本质是把保护与发展有机统一起来，以保护促发展。通过加强环境保护和生态建设，为新时代区域协调发展提供绿色的动力，倒逼产业发展转型，持续改善环境的质量，促进人与自然的和谐。

（三）建设长江上游重要生态屏障是尊重自然规律和经济社会发展规律的必然选择

长江经济带是国家的经济重心所在，同时也是生态环境的脆弱之地，人地关系十分复杂。把修复长江生态环境摆在压倒性的位置已经刻不容缓。重庆生态资源丰富，在国家生态格局中具有重要地位，严守五个“绝不能”底线，突出发展绿色本底，从源头上保护好三峡库区和长江母亲河，推动重庆大城市、大库区的协调发展，携手长江流域相关省区，不仅是区域协调发展的要求，也是共抓大保护、不搞大开发的要求。这是自然发展的规律，也是经济发展的规律。

（四）建设长江上游重要生态屏障是改善长江流域生态环境的现实要求

长江穿过重庆境内，总共 770 千米，居上游各省市之首。三峡库区水容量总共 300 亿立方米，占库区总量的 77%。其水土、大气生态资源和生态环境的变化，对长江中下游地区都会产生敏感影响。重庆加快建设长江上游重要生态屏障，有利于江河流量调节的生态功能，保护三峡工程安全运行，维护长江中下游乃至更大范围地区的安全。

二、重庆建设长江上游重要生态屏障所取得的成果

（一）保护修复长江生态取得较好成果

依照工业项目环境准入规定，坚决禁止在长江主要干流 1 千米范围内建化工园区。近年来，重庆加快调整，大力实施污染企业的搬迁，累计关闭了 256 家重点污染企业，完成钢铁、煤炭、船舶、水泥等生产区的目标，保护和修复了长江生态环境。

（二）生态环境质量持续改善

2017 年，重庆主城区空气质量优良天数增加至 201 天，细颗粒物浓度同比下降了 3%。三峡库区水质保持稳定，长江、嘉陵江、乌江干流的水质总体为优。划定生态的红线保护区域总共是 3 万多平方千米，占全市总平方面积的 37%，未来任务仍旧艰巨。

（三）农村的生态环境得到改善

重庆二元经济结构差距缩小，农村的生态环境保护，特别是退耕还林成效显著，这也是三峡库区水库建成的后续重要工作内容。

三、重庆建设长江上游重要生态屏障的重要举措

（一）加强生态修复和培育

重庆深入开展长江干流两岸大规模的绿化行动，深入实施山水林天湖草一体化的保护、退耕还林、石漠化治理、库区治理、水土流失综合治理等重大生态修复工程。从中央到重庆将会投入很多资金加以治

理，两岸青山绿水，生态修复和培育工作取得成效。

(二) 加强污染治理和防治

重庆大力实施污染防治攻坚战，全面落实大气 10 条、水 10 条、土 10 条，确保长江重庆的水质为优，争取水质优于三类的目标要达到 95%。要严格工业污染防治，全面取缔污染小企业，对历史上形成的存在风险隐患的企业实行环保搬迁。

(三) 加强农业污染治理，实施土壤的污染治理和修复，加大农村环境的整治

这也被纳入乡村振兴战略的考虑。提高城市和建制镇的污水、垃圾处理，科学整治城市的黑臭水体，严控港口的船舶污染，严格防治大气污染。

(四) 要加强水资源保护

水资源保护不仅重庆需要，中下游地区的居民取水都是来自长江，保护长江水资源质量尤其重要。重庆要加强饮用水的水源地保护，开展集中式饮水水源的规模化建设，优化水资源配置，建设重大水利项目，基本解决部分区域工程性缺水，建设沿江沿河水资源保护带，开展长江流域水资源的联合调度，切实保障生态用水。

(五) 要大力推进绿色低碳发展

防止和严控布局低水平特别是污染产业，培育壮大清洁环保、清洁能源产业，有序淘汰落后产业，推进资源整合和循环利用。

（六）深化生态文明体制改革

完善源头严防、过程严管、后果严惩的体系，实施限制类目录动态调整，健全环保信用评价体系，实施信息强制披露、严惩重罚等手段。此外还有推动环保监察制度化、探索建立横向生态补偿机制等举措。

长江经济带全面深化区域协同创新的三大战略要务

王　振

上海社会科学院副院长、研究员

长江经济带11个省市的“十三五”发展规划，都把“创新驱动发展”放在极其重要的战略布局中，并围绕培育新经济、推动产业转型升级，提出了一系列非常积极的项目布局和政策创新。但在各个省域规划及项目布局层面，对于地区间的协同创新却笔墨较少，行动更少。这在另一方面也提出，在长江经济带建设的国家战略中，如何进一步构建长江经济带创新驱动发展的协同体系及其机制，充分发挥协同创新的区域带动效应和合力效应，就显得更加重要、更加迫切。

一、围绕区域分工和合作的产业布局，有力推进创新资源的协同配置，共同打造世界级产业集群

要以共建世界级产业集群建设为战略抓手，按照长江经济带一盘棋的指导原则，构建更加积极有效的区域产业分工和合作体系，以此为基础和前提，围绕产业链布局创新链，首先在创新资源的配置上加

强协同，提高资源配置效率。

（一）在世界级产业集群行业领军者总部集聚区域，协同配置世界级的创新资源

在培育壮大各个世界级产业集群的行业领军者上实行区域分工，在配置高端创新资源上展开区域协同，减少重复配置，更好发挥稀缺性创新资源的驱动作用。比如在汽车、高端装备、航空航天领域，行业领军者主要集中在上海，因此要进一步推动上述三大领域的行业领军者总部向上海集中，同时推动与三大领域相关的高端创新资源向上海集中，全面协同上海加快提升汽车、高端装备、航空航天三大领域的自主创新能力，积极推动龙头企业向具有全球影响力的全球企业迈进。又如家电领域的行业领军者主要集中在合肥，那么同样，在与家电行业相关的高端创新资源配置上，要聚焦合肥，全面协助合肥加快提升家电行业的自主创新能力，打造若干全球性企业。

（二）在世界级产业集群的核心配套集聚区域，协同配置支撑国际竞争力的创新资源

在长江经济带，能够成长为世界级产业集群的，基本呈现出多点、成带布局特征。要进一步迈向世界级产业集群，亟待按照“多点成带”的产业链布局，在各个产业块状集群所在城市，协同布局能够有力提升国际竞争力的创新资源，也就是多点布局专业性的制造业创新中心，同时各个城市的专业性制造业创新中心各有优势侧重，形成带状分工协同。有关专业性国家（省市）实验室的布局、专业性国家级（省市级）技术（工程）研发中心的布局、大学一流专业学科的布局，以及创新创业资金和创新型人才的配置，都应该与世界级产业集群的“多点带状”布局特征紧密结合起来，促进创新资源配置的分工协同。

(三) 在世界级产业集群的产业转移承接区域,协同配置保障产业升级的创新资源

协同推进创新资源与产业转移的同步配置,通过积极的政策和保障手段,促使上海、长三角核心区和各个省会城市伴随产业转移而产生的相对过剩创新资源,向其他地区转移布局,如教育培训资源、产业资本资源、研发资源、专业人才资源等;同时通过大企业、大研发机构、著名大学和创新资源市场的区域一体化布局,以及由他们牵头组织的区域创新合作联盟,把承接产业转移地区的创新资源配置纳入更加紧密的协同体系,形成由总部集聚区域引领、核心配套集聚区域支撑、产业转移承接区域跟随的三级创新资源配置协同体系。

二、 把握长江经济带多层次特征,积极构建分层协同的区域创新体系,共同建设具有全球影响力的科技创新带

从长江经济带整个区域来看,要更加有效地推动创新驱动发展,更多释放协同创新效应,必须着力于构建分层协同的区域创新体系。

(一) 构建"一龙头、三集群、三联盟"的科技研发创新分层协同体系

"龙头"就是上海。要以上海建设全球城市和建设具有全球影响力的科技创新中心为战略引领,大力提升上海在前沿科技、关键技术上的原创能力和转化转移能力,进一步提升上海在创新资源配置中的全球市场功能,发挥其在长三角地区及长江经济带科技研发创新中的龙头引领和组织协调作用。"三集群"就是依托长三角城市群、长江中游城市群和成渝城市群,建设三大科技研发创新集群。其中,长三角城市

群要积极建设具有全球影响力的产业创新高地；长江中游城市群和成渝城市群要大力提升产业技术研发创新能力，有力支撑战略性新兴产业发展和承接产业转移。要改变中上游地区以省会城市为核心的“单极突进，一强众弱”的空间模式，鼓励省会城市的高等级创新载体、高新技术产业向周边城市转移，共建高水平的公共技术研发与服务平台，培育多个创新中心城市。“三联盟”就是要以各城市群城市间的合作为主，以长江全流域的合作为拓展，推进三个联盟合作，即前沿科技研究院所的合作创新联盟、大型科技仪器设备的共建共享联盟、科技创新公共服务平台的互联互通联盟。

（二）构建“分层推进，渐进统一”的创新要素市场分层协同体系

要发挥市场在合理配置创新资源方面的决定性作用，就必须从区域协同起步，逐步消除导致市场分割和碎片化问题的体制机制障碍，逐步向统一的一体化市场迈进。这是一个渐进的过程。

1. 以省会城市为引领加快推进省域统一市场建设。要侧重于推进公共要素市场的深度区域协同。

2. 以城市群核心城市为引领的区域性统一市场建设。一方面要积极消除地方壁垒，开放要素市场，促进核心城市的市场平台企业跨区发展，以城市群各个城市为网络节点，推进中高端专业服务广覆盖，形成大平台、大网络、大数据，并向全国和全球延伸。另一方面要积极推进基础性要素市场的深度协同，可按照省域公共要素市场一体化建设的框架，先从统一标识、统一标准、数据共享上进行协同，再深入统一平台、统一制度、统一监管，再扩展到一体化运行的统一机构、统一机制。

3. 以上海为引领的长江经济带统一市场建设。充分发挥上海市场大平台企业的推进作用，在资金、产权市场及中高端人才市场、技术

市场,鼓励收购兼并,促进一体化布局。在基础性的人才、技术、征信等公共要素市场,近中期的重点是促进各地协同共建可以共享的标准化、高水平的网络大平台,尽快实现数据共享和平台共享。

(三) 构建以领军(核心、重点)城市为引擎,以节点(一般)城市为扩散的创新驱动产业转型升级分层协同体系

要加快建立培育新经济和产业转移的区域分层协同体系,促进引擎与扩散、总部与产业配套基地的协同创新。

1. 有力增强领军(核心、重点)城市的产业创新策源地和发动机功能。建设一批具有产业创新溢出功能的苗圃、加速器、产业创新基地,建立一批以推动跨地区产业投资、产业转移为导向的产业基金、产业资金、绿色发展资金。以城市群内各节点城市为中间支撑(产业化基地)。依托上海全球科创中心战略,在产业转型升级表现突出的城市,如杭州、南京、苏州、无锡、合肥、武汉、长沙、成都等,围绕各地最具优势和特色的产业,建设世界级产业技术创新中心。

2. 以国家级新区和国家级开发区为引领,深化全面创新改革试验。在更大区域复制上海自贸区改革创新经验,以全流域的开放造就区域创新更大活力。构建和强化城市群内各产业集聚区转型升级的园区协同创新体系,推动国家级开发区引领的长江经济带园区合作联盟建设和跨地区分园建设。

3. 以长三角核心区为引领,以推动产业转移为抓手,建立长江中上游地区之间的产业转移协同创新体系。未来长江经济带要着力建立三大产业转移体系:(1)体现商务成本梯度化特性的产业转移体系;(2)体现同城化效应的产业转移体系;(3)体现特殊资源禀赋的产业转移体系。

三、加大改革创新力度，着力构建分层多元的区域协同机制，有力释放各区域间的协同创新效应

这一机制，是一个体系，包括了战略规划、中央协调、公共资源配置、财政金融政策、地方政府合作、市场主体参与、社会力量推动等子系统。从当前长江经济带加快推进区域协同创新的战略需要出发，我们认为亟待建立健全五大机制：

（一）战略规划的推进机制

《长江经济带发展规划纲要》是一个总纲，在关于创新驱动产业转型升级的重大部署上，有一系列具体部署，如打造世界级产业集群、培育和壮大战略性新兴产业、建设创新示范高地、建设承接产业转移平台、建设国家制造业创新中心、集聚人才优势、营造良好创新创业生态等，但具体如何落实这些部署，因为涉及 11 个省市的广阔区域，需要配套相应的落地机制。落地机制主要包括了各个子项规划制定的协调机制及其执行监测机制，也包括了相关资源配置和政策配套的落实机制。

（二）国家战略的中央协调机制

要对应长江经济带建设的国家战略地位，建立相应的中央协调机构和协调机制，增强国家战略实施的执行力和可持续性。除了现在的中央领导小组及其办公室构架外，还需要建立常设的、具有协调权威的专门机构承担多方面的协调职能，同时需要建立左右、上下的对接网络，在中央其他相关部委和各个省市，建立对接部门，甚至还可以在地方建立专门的派驻机构，切实增强其协调功能。

（三）国家区域政策的倾斜机制

从整个长江经济带承担的支撑带作用，到上海承担的全球城市和全球科技创新中心建设任务，长三角地区承担的世界级城市群建设任务等，贯彻落实这些重大国家战略，都需要国家采取积极的改革开放政策予以倾斜支持。同时长江经济带 11 个省市有 8 个省市属于中西部地区，这些省市既承担着中国经济稳定增长的新动力提供者任务，还承担着扶贫攻坚、全面建成小康社会的重任，更需要国家对这些中西部省份采取更加积极有力的财税政策和开放政策予以倾斜支持。

（四）地方政府间的共商协同机制

目前，长三角地区、长江中游地区、成渝地区都有各种类型的地方政府共商平台和协调机制，但范围拓展到 11 个省市的共商平台目前还是空白。因此各地应围绕国家的长江经济带建设战略，在国家有关部门的总体指导下，可由上海具体牵头，各地响应，组建长江经济带省市协同发展联席会议。另外可建立由领军城市、核心城市、重要城市参加的城市联席会议机制。

（五）社会参与的合作联盟机制

联盟是一种非体制化的灵活合作模式，遵循自由合作原则，依托具有号召力的领军机构，运用社会组织的管理模式，发挥社会中介组织的积极作用。应该对区域合作联盟视作一种新型的非政府组织，对其注册成立，因为涉及跨区域组合，应降低条件、简化程序，特别对事业单位、国有企业领导人担任合作联盟负责人，应放开政策。

协调性均衡推动长江经济带高质量发展

成长春

江苏长江经济带研究院院长、教授

近年来，长江经济带建设取得诸多重大成果：沿江省市政府之间的交流互访活动日益频繁，全流域以及省际协商合作机制已初步形成；沿江重大基础设施互联互通和依托黄金水道建设综合立体交通走廊的步伐明显加快；长江上中下游之间产业分工协作和产业梯度转移的态势日趋明显；依托上中下游三大城市群的载体作用，长江经济带新型城镇化建设成效彰显；形成沿海、沿江、沿边全方位开放新格局；实施全流域环境综合治理与生态修复，如实行生态红线约束机制、流域生态补偿机制等。然而，长江经济带发展仍旧面临着不平衡、不充分的问题，我们应秉持“协调性均衡发展”这一新理念，解决不平衡、不充分的问题，尽快将长江经济带建设成为生态文明建设的先行示范带、引领全国转型发展的创新驱动带、具有全球影响力的内河经济带和东中西互动合作的协调发展带。

一、长江经济带发展面临不平衡、不充分的问题

改革开放以来，国家发展重点逐步向东部沿海转移，大大改善了

沿海地区的投资环境。东部沿海地区凭借其优越的地理位置和良好的经济基础,逐步成为我国经济发展的活跃区。而中西部地区发展滞后,与东部差距迅速扩大。

党的十九大报告指出,中国特色社会主义进入了新时代,我国社会主要矛盾已经转化为人民日益增长的美好生活需要和不平衡不充分的发展之间的矛盾。中国是发展中国家,发展不平衡和不充分的现象成为经济社会发展的"短板",补足这些"短板"需要新的发展模式,而长江经济带的发展探索在中国具有典型意义。长江经济带横跨我国地理三大阶梯,不同区域之间的资源、环境、交通、产业基础等发展条件差异较大,地区间发展差距明显。当前阶段,推动长江经济带发展面临着一系列问题,核心问题是省市之间,以及人与自然之间不平衡不充分的发展。

二、 协调性均衡发展的内涵与外延

协调性均衡发展是推动"高质量发展"的重要路径。我们必须坚决贯彻落实习近平总书记关于推动长江经济带发展提出的"共抓大保护、不搞大开发""坚持生态优先、绿色发展""促进上中下游协同发展、东中西部互动合作"等讲话精神,将长江经济带打造成中国经济升级版的新引擎,需要更为有效地增强长江经济带共建能力和共享水平的制度安排,一体化推动长江经济带发展质量和效益提升。

"区域协调性均衡发展"就是要创新运用系统思维,将地区间协调发展与地区内"经济、社会、生态"等的均衡发展有机结合起来,推动区域一体化、高质量发展的新战略。主要包括以下六个方面:

(一) 协调性均衡推动长江经济带绿色发展

把长江经济带生态补偿与保护摆在优先位置,坚持底线思维、红线思维、战略思维、可持续思维、创新思维，强化宏观与系统的保护，加快改善环境质量；构建区域合作治理主体体系，建立完善全流域、多方位的生态补偿和保护长效体系，以流域整体利益包容吸纳利益碎片；协同区域性立法权限和立法资源，完善流域综合性的法律规范，制定《长江经济带综合管理法》，形成统筹整个经济带的水资源保护和污染防治、生态环境保护、资源开发管理等各个方面有法可依的综合性法律框架。

（二）协调性均衡推动科创资源的区域统筹

充分发挥上海全球科创中心引领作用，构建全流域协同创新机制；营造重点领域跨省、跨学科、跨部门协同创新的环境，支持沿江地区加快新一代信息基础设施建设，协同搭建服务科技创新的各类平台，形成整合资源、共享信息、支撑有力、服务精准的集成平台；在重要节点布局世界级制造业创新中心，支撑世界级产业集群建设；同时沿线省市要持续加大创新资源投入，发挥政府引导扶持作用，调动企业创新积极性，大力发展壮大战略性新兴产业，以此进一步提升长江经济带创新效率。

（三）协调性均衡推动构建现代产业体系

从重大产业、高新技术产业及科技研发入手，通过资本化和市场化的有效载体与途径，协同推进沿江省市的供给侧结构改革；加强沿线省市在实体经济、科技创新、现代金融、人力资源等方面的协同发展，以实体经济为核心，协同构建现代产业体系；在绿色发展方面引领体制增效、积极融入经济全球化大局、提升工业化与信息化融合发展水平的同时，促进区域互动融合，依托长江经济带世界级城市群建设，打造世界级产业集群，在推动城市群实现重点产业发展与新型城镇化融合共进的同时，加快推进形成城市分工协作的发展格局。

（四）协调性均衡推动打造综合立体交通走廊

加强各种运输方式的衔接和综合交通枢纽建设，加快多式联运发展，完善复合多式联运交通系统，建成安全便捷、绿色低碳的综合立体交通走廊，增强对长江经济带发展的战略支撑力；提升黄金水道功能，加强港口和集疏运体系建设，盘活整合沿江港口资源，加快互联互通，完善综合交通运输网络；以深化供给侧结构性改革为主线，以降本增效为导向，切实提升长江经济带运输服务能力与效率，实现“交通产业空间”协同发展；拓展开放空间，畅通国际通道，推进国际运输便利化；把引领新型城镇化战略布局作为重要抓手，优化城际城市交通，改善中小城市和小城镇交通条件，实现城市群内中心城市之间、中心城市与节点城市之间 1～2 小时通达的快速城际交通网。

（五）协调性均衡推动统一大市场建设

长江经济带要以区域协调的交通网络为基础，配置以不同区域间政策和管理的对接，推进经济带内产业有序转移、要素自由流动以及城市群间的连接与发展；要深化改革开放、打破行政区划壁垒、提高基础投资的规模效应，发挥产业衔接和生产要素结构的互补效应，建设统一开放和竞争有序全流域现代市场体系，以此提高各种要素的配置效率，激发内生发展活力；要建立健全区域间互动合作机制，优化法制竞争的环境，知识产权保护和信用体系，更好发挥市场对要素优化配置的决定性作用。

（六）协调性均衡推动长江经济带对外开放新格局的形成

发挥长江经济带 11 个省市与上海、浙江、湖北、重庆、四川 5 个自贸区重叠结合的优势，在提升自贸区功能的同时积极打造自贸港，努力提升开放型经济水平；加强与“一带一路”建设衔接，深化向东开放，加快向西开放，统筹沿海、沿江、沿边和内陆开放；加强产能合作，推进装备制造业“走出去”，深入推进长江大通关体制改革，建设陆海双向对外开放新走廊，培育国际经济合作新优势。

共抓大保护

建立长江经济带大保护一体化协调机制

孔凡斌

江西省社会科学院副院长、研究员

实施长江经济带发展战略，是以习近平同志为核心的党中央做出的重大决策部署。党的十九大报告提出，以“共抓大保护，不搞大开发”为导向推动长江经济带发展。习近平总书记在2018年中央经济工作会议上强调，推进长江经济带发展要以生态优先、绿色发展为引领，在整治长江生态环境、保护长江岸线、建设黄金水道、推动沿江三大城市群错位发展等方面取得进展。如何建立长江经济带大保护一体化协调机制，对于推进长江经济带的高质量发展起到至关重要的作用。

一、 长江经济带产业布局与生态环境问题

(一) 涉危产业密集，暗含高污染隐忧

数据显示，沿江地区分布着七大炼油企业，从长江下游到上游有五大钢铁基地，还有很多相继建成的宜昌化工园区，还有传统的石化产业集聚区。长江经济带集聚着全国40%以上的造纸、43%以上的化工和72%的印染，所以说长江经济带沿江地区已经成为我国濒危高污

企业最为集中的敏感区域，这是历史形成的，也是我们推进长江经济带大保护这个大的战略下所处的背景。

（二）长江湿地系统生态退化

长江经济带湿地系统生态退化也是不可忽视的现实。众所周知，长江上游地区从 1998 年开始实施了退耕还林保护工程、石漠化治理等工程，尽管上游地区这么多年实施这么多工程，天然草地沙化现象还是没得到有效遏制。中游地区湖泊实际面积经过这几年整治以后有所增加，但是功能退化，恢复缓慢，特别是受人为破坏的湖泊，恢复速度极为缓慢，长江流域下游湿地的形势同样不容乐观。

（三）水环境污染日趋加重

2016 年，长江流域废污水排污量接近于黄河的水量。与 2015 年相比，排放量增加了 6.5 亿吨，增幅将近 2%。增加的总量仅仅是工业废污水排放，加上生活污水等总量不可估量。长江流域水质富营养化现象依然严重，水环境污染日益严重。

（四）生态环境安全事故或者事件频发突发

这几十年来，森林砍伐，水土流失，水域减少，使得环境污染事件进一步增加，长江经济带环境污染事件占全国环境污染事件总数的一半以上。比如，2017 年，全国唯一的环境突发事件就发生在四川。

二、 制约长江经济带大保护的机制瓶颈

（一）生态环境监测体系不完备，激励约束机制无法科学建立

目前，长江流域仍缺乏对流域污染源的监测，监测体系不完善。国

内科学监测水体环境到目前还存在问题。生态环境监测体系缺失，使得污染企业环境损害行为经常得不到严格的约束和惩罚，对沿江地区环境考核也无法完成。

（二）规划管理碎片化，责任主体不明晰

长江流域依然存在分散的“九龙治水”情形，1986 年，国家编制了《长江干流水资源保护规划》，其中纳入了长江流域综合利用规划以及其他的一些有关长江的规划。但是这么多年来配套的细致的专项规划还没做，使得有些沿江城市未充分考虑与干流规划的对接，具体的标准和规划甚至有冲突。此外，流域内缺乏权威的管理协调机制，导致一些污染从上游向下游非法排污加剧，甚至以邻为壑的现象加重。把自己的污染排放物偷偷放进来，造成邻避效应。

（三）经济利益驱动，污染产业源头动因难消除

重化产业发展效益强，发展这些工业一直成为长江沿江地区推进经济发展的首选。以前上马的石化项目，国家也曾禁止。环境评价有三个要求，同时规划、同时运营、环保设施。实际上环保部门对环保设施的运营不做检查。是不是建设工程的运行，监测体系同步进行？这实际上是没准的。这里涉及一些发展动因，也涉及监管体系。目前，流域监测体系只对单个项目，政府的原始评估也是这样，但从整个长江经济带出发全面考虑却很少，没有考虑到产业布局和产业链的互补组合。

三、建立长江经济带大保护一体化协调机制与路径

（一）构建长江经济带一体化环保监控体系

必须加快建立自然资源登记监测制度，加快建立和完善污染源实

时监控体系，将大数据技术引进长江经济带生态环保监测体系。现在互联网、物联网各种信息技术的应用发展迅猛，长江经济带各地区应尽快把它引入监测体系中，监测、预警、预报、信息化处理，用高科技对整个长江沿江地区和长江经济带进行实时有效的监测。

（二）建立健全长江经济带生态环保一体化协调机制

设立国家级统筹协调机制，解决跨部门跨地区的环保问题，加快完善和实施《长江经济带生态环境保护发展规划》，落实沿江省部级联席会议制度。要研究并切实解决长江经济带大保护的确实问题，互动协作，起到整体推动作用。

（三）协调推进长江经济带绿色产业一体化建设

加快建立长江经济带绿色产业发展规划协调机制；推动沿江地区现有产业“一体化”调整优化，强力推动沿江地区工业园区的企业生产清洁化改造，通过布局转移调整，切实降低沿江石化产业的密度；严格执行沿江地区产业环境准入标准，切实杜绝产业转移，防止出现新的污染；加强重大项目支持，不管是中央还是省级财政，要集中财力，不能搞“撒胡椒面”。

（四）建立健全长江经济带生态环保法制硬性约束机制

我们建议研究出台《长江经济带生态环境保护条例》，纳入国务院的计划，而且要推动建立长江经济带“超级基金法”。要以公众参与推动长江经济带生态环保法律的有效实施。我们建议要借鉴国家环境公益诉讼制度经验，探索在长江经济带沿江地区建立信用评价，采用公众信息，动用社会力量，鼓励公民环境诉讼，为公众监测环境进行奖励。

(五) 创新长江经济带生态环保资金保障机制

1. 要加强中央财政的支持，建议扩大长江上游森林、草原、湿地的范围，提高重点生态功能区的补偿标准。

2. 要加快建立长江经济带水环境保护治理基金，建议由沿江省市共同出资，共同治理。

3. 要积极探索发行长江经济带环保债券、彩票或国家公益性筹资项目等。

4. 要推动长江经济带环保投资主体多元化，建议借助于社会的模式、公私合营的模式，采取财政贴息、税收奖励、政府采购等措施，不断拓展长江经济带生态环保的资助方式和参与主体。

(六) 加快建立长江经济带生态补偿机制

生态补偿资金中央每年有几十亿元。我们建议国务院要尽快出台和实施可操作的长江经济带生态补偿机制，要落地，要有方案，要有卓越设计。建立和完善长江经济带沿江地区森林、湿地、农业、矿产、水资源等生态保护机制，由沿江城市共同设立长江经济带生态补偿基金。落实长江经济带生态环境责任政府间协议、长江经济带水环境补偿协议，搭建经济带生态环境保护一体化协商平台，探索建立市场化和多元化的补偿机制。

长江经济带生态环境协同保护研究

孙克强

江苏省社会科学院财贸所所长、研究员

一、 长江沿线存在的主要生态环境问题

(一) 饮用水源地安全存忧

长江经济带包括上海、江苏、浙江、安徽、江西、湖北、湖南、重庆、四川、云南、贵州 11 个省市,养育着全国 40%的人口,支撑着全国 40%的经济总量,是我国除沿海开放地区以外,经济密度最大的经济地带。但同时,长江经济带也是我国水环境问题最为突出的流域之一。多年的监测数据显示,长江经济带面积虽只占全国的 21%,但废水排放总量占全国的 40%以上,单位面积化学需氧量、氨氮、二氧化硫、氮氧化物、挥发性有机物排放强度是全国平均水平的 1.5~2 倍。

1. 保护区内存在违法设施

中央第三环保督察组 2016 年督察江苏发现,无锡市长江窑港,南通市狼山水厂,镇江市征润洲、江心洲丹阳等饮用水水源地内存在法律禁止的化工码头、水产养殖或修造船基地等。2016 年,环保部在长

江经济带饮用水水源地环保执法专项行动中发现，有63个排污口没有处置。

2. 危化品运输等交通穿越存在风险隐患

湖北环科院发现，航道通航要求特殊，难以避开水源保护区，湖北12个一级保护区、21个水源地二级保护区有交通穿越现象。湖南邵阳等5城市水源地有8处交通穿越。江苏仪征市水务局副局长陈家荣说，来回穿梭的船舶有几次直接撞上了取水口。

3. 监测能力不足

湖北一位水利干部透露说，要求划定水源保护区的“千吨万人”水厂，湖北省共826处，只划定了565处；要求设立化验室，湖北只建了150处。据贵州六盘水一位基层干部透露，在广大农村地区，部分地区的水源地保护更是一片空白，无专人、无机构、无经费。长江大保护的“全流域意识”不强。面对“你的下游是我的上游，而我的下游就是他的上游”的实际，少数地方党委、政府“全流域”意识淡薄，仅关注上游来水的水质，往往对下游的水质状况视而不见，影响水质改善。

（二）长江生物存在的问题

1. 珍稀物种（中华鲟、达氏鲟、白鲟、江豚等）濒临灭绝，特有鱼类物种栖息大幅减少，种群数量减少

现在情况是长江里的珍稀物种很难看到，也很难捕获到，而且长江里的特有物种也越来越少，外来物种已经占据优势，也就是我们的主要保护对象快没有了。

2. 野生经济鱼类（四大家鱼，长江“三鲜”等）资源量大幅下降

渔业捕捞量：20世纪50年代40万吨，1980年代20万吨，目前不足8万吨。与美国密西西比河渔业资源量比较，长江鱼类密度已经不

到密西西比河的1/10，有“无鱼”河流的表现，水里没有鱼了，还能说长江生态好吗？

3. 候鸟栖息地面临压力

白鹤、东方白鹳、黑鹳、白头鹤、大鸨等（一级保护）、白枕鹤、斑嘴鹈鹕、白琴鹭等（二级）等急需保护。长江及两岸的湖泊湿地是世界候鸟十分重要的栖息地，目前栖息地面积不仅已经缩小，而且所剩的湿地也不平静，受人类活动干扰很大，没有安静的环境，鸟都不下蛋，没有吃的，鸟也不会再来。

4. 长江流域珍稀濒危植物60科109属154种，占全国39.7%

其中蕨类植物9科9属10种，裸子植物7科23属38种，被子植物44科77属106种，目前有关部门还没有认识到野生植物作为生物基因的重要性，保护尚未被重视。

（三）长江环境存在的问题

1. 泥沙减少，河道萎缩

泥沙、营养盐、有机物等物质通量分布极不均衡，长江已经成为半自然河流，自然的水文和水动力过程少了，河不像河，湖不像湖。

2. 天然林少，人工林多

森林保护区面积小，断续分布，片段化，目前主要集中在河流源区。

3. 废污水排放量大

除长江干流外，城市附近江段存在污染带，长江水源地水质不稳定。

4. 长江流域水源污染严重

湖泊和中小水库富营养化和污染问题突出，城市附近的湖库没有几个是干净的、没有污染的。

(四) 长江经济带发展中的水资源保护压力问题

1. 高标准的黄金水道建设和维护与长江的保护、泥沙冲淤、河道演变、防洪安全、河道采砂和江湖演变协调难度大

2. 传统产业转移的需求与严格的环保准入门槛如何匹配

中西部地区城市化建设的需求与山丘区稀缺的土地资源、脆弱的生态系统和有限的环境容量如何相适应等问题。

3. 东部发展现代服务业和高新技术如何带动中西部的发展

东部地区需要优化本地的土地资源,改善三角洲地区河网和湖泊的水环境。

4. 跨区域生态补偿机制未建立

大量利用客水的中下游地区应该为上中游生态环境保护、水源涵养提供必要的生态补偿等方面的支持。

(五) 长江环境管理存在的问题

1. 江湖阻隔

水利工程建设和调度运行较少考虑生态目标,管理目标单一,较少考虑生物需求的调度。

2. 岸线利用,河道采砂

河岸和河道生态及屏障功能下降。

3. 大量化工企业和工业园区建在江边

数十万机动船行驶或者停泊在水中,水污染风险大。长江环境管理水平、能力和力度都太弱,偷排、偷采或者损坏形象比比皆是,全民参与监督的机制也没有建立。

二、 长江沿线生态环境保护对策

(一) 制定长江流域生态系统保护规划

确定水资源、水环境承载能力和生态保护的红线。划红线不应该是留底线,而应该留有余地,应该为我们的后代留下发展的空间。

(二) 长江流域保护和管理中的体制和机制问题

应该加强协调防洪、发电、航运、供水、灌溉、旅游与生态环境保护关系,特别是水资源保护。生态环境问题与其说是科技问题,还不如说是管理问题,管理的对象是人类行为。

(三) 开展以生态为重要目标的水库群调度

规范岸线利用,恢复岸线及周边湿地的生态和屏障功能。

(四) 在考虑防洪和泄洪前提下,推动沿江水闸多开

全方位地推动江湖连通。

(五) 对于长江生态环境修复

不仅需要保障生态流量的下泄,而且应该从生态系统角度,保护好水生物需要的水文条件,以修复生态系统的结构和功能为目标,维护好栖息地、生物和基因三方面的多样性。

(六) 对于珍稀和特有物种需要开展抢救性保护

如迁地保护、增殖放流、修建过鱼设施和人工繁殖等。对于重要经济鱼类必须从保护种子资源角度,实行更严格的禁止野生鱼类捕捞的

管理措施等(渔民上岸,禁止野生渔业捕捞等)。

三、 长江沿线生态环境保护协同机制

(一) 加大长江生态环境保护的顶层设计

长江经济带有 11 个省市、100 多个省辖市,在现有的行政区域大格局下,做好长江流域生态环境保护工作必须加大顶层设计,特别是自然资源部、生态环境部的指导与支持是必不可少的。

(二) 政府间的政策创新机制

环境保护具有较强的外部经济性。因此,在建立长江经济带环境保护协调机制的过程中,要加强 11 省市政府之间在政策合作与政策创新方面的协调。

1. 加强在立法层面的合作

通过各地人大与省级政府之间的协调,共同制定环境保护方面的规章制度与相关政策。

2. 对于原来制定并在具体实施过程中明显具有冲突性的政策要彻底清除,特别是重大环境问题的立法要进一步加强合作,促进本地区环境合作的有序、协调开展。

(三) 职能部门间的环保联动机制

环境保护要依靠具体的部门进行落实和执行,因此加强本地区各相关职能部门之间的协调非常重要。目前特别是要加强在水环境综合治理、大气污染控制、危险化学品与危险废物管理,以及农村生态环境保护等方面的合作。要在充分考虑 11 省市在经济社会发展与城市化进程方面存在差异的基础上,制定出合理的各地污染物削减目标,

明确环境权责，协调处理跨界污染事件。

（四）科研部门间的科技创新机制

科学技术是第一生产力，在环境保护方面同样需要不断推进科技进步。长江经济带科研单位、高校众多，科技创新实力雄厚，应充分发挥各地区的科研优势和特色，结合各自优势领域分工合作。目前，长江经济带能耗较高、环境影响较大的传统行业依然占据较大比重。11 省市应进一步优化能源结构，在生物质能、风能、太阳能、潮汐能等清洁能源开发和利用领域开展广泛合作。在新一轮长江经济带发展进程中，在加强对传统行业关键工艺、技术创新的同时，应大力发展环保产业，加快环保产业的标准化、系列化、国产化、现代化体系建设。充分发挥行业协会等中介组织的作用，完善环保行业市场机制，在环境保护产品、资源综合利用、环境保护服务、洁净产品等 4 个领域内培育扶持一批优势环保企业。全面开放地区的环保市场，逐步实现区域环保产业市场一体化。

（五）社会公众间的监督教育机制

通过不断推进区域环境信息公开化进程，强化公众参与。在环境保护方面，政府、企业和社会公众都是主体，要利用各种有效方式调动和发挥社会公众的力量，共同开展好本地区的环境协调建设工作。

新时代长江经济带共抓大保护的几点思考

彭智敏

湖北省社会科学院长江流域经济研究所所长、研究员

一、长江经济带共抓大保护的现状

(一) 横向生态补偿机制尚未健全

一方面,流域生态系统具有单向性,即以水资源的自上而下的流动带来的物质能量自上游向下游单向运动,带来上游的生态环境变化对下游具有重要的影响;另一方面,流域的中下游地区多为河流冲积平原,人口稠密、城镇林立、经济发达,具有带动上游经济社会发展和对上游为保护生态环境产生的成本进行适当补偿的能力。因此,中下游经济发达地区对中上游地区进行适当的横向生态补偿,既具有内在的合理性,也是实现一体化发展、共赢的不二选择。

(二) 跨省联合保护治理标准亟须硬约束

习近平总书记指出:“推动长江经济带发展,理念要先进,坚持生态优先环境保护、绿色发展,把生态环境保护摆上优先地位,涉及长

江的一切经济活动都要以不破坏生态环境为前提，共抓大保护，不搞大开发，思路要明确，建立硬约束，长江生态环境只能优化，不能恶化。”目前，跨省联合保护治理标准的硬约束还未建立，我们对资源如何开发（如水资源开发强度）、对环境如何保护，都应该有具体的要求。

（三）长江经济带绿色发展有待提升

长江经济带是我国经济重心所在、活力所在。流域内逾 20 种工业产品的产量占全国比重超过 40％，特别是纺织、家电、电子、电力、化工、汽车、船舶、建材和装备制造业等产业的集群优势明显。位于长江经济带“龙腰”的湖北，岸线长达 1 061 千米，是长江径流里程最长的省份。然而，湖北长江、汉江两江沿线 15 千米范围内有 394 家重化工及造纸行业企业，2015 年共排放废水 28 672 万吨、COD20 353 吨、氨氮 2 453 吨，企业数量仅占全省规模以上工业企业的 2. 6％，但排放的污染物分别占全省工业行业排放总量的 35. 1％、18％和 20. 4％。长江经济带绿色发展还有待提升，主要包括以下三个方面：

1. 产业结构“偏重偏化”特征明显

采矿业等资源型产业是长江中上游地区的重要产业，尤其是四川、贵州、云南等地，对采矿业依赖程度较高。采矿业及其相关高能耗、高污染产业，损耗资源严重，破坏了当地生态环境。与此同时，高污染型产业在长江经济带占比较高。钢铁、有色金属、建材、化工和电力等项目密布长江沿线，部分重化工产品产量庞大，在全国乃至世界都占有重要地位。目前，部分重化工项目仍采取较为粗放的生产模式，工业能耗、物耗和污染水平居高不下。

2. 产业布局不合理

一方面，长江经济带产业布局与资源配置错位。当前，沿江各地都提出了各自的沿江发展战略，强调布局更大的项目和产业园区，追求大投资、高产出，造成长江经济带产业布局与资源、要素和市场现状不相适应，企业的相关布局亦与实际脱节。同时，长期以来形成的上中游地区的能源产业和下游地区的能耗型产业集中布点，进口原油西运加工，毛、麻、丝等天然纤维原料东运生产，这些都大大增加了资源环境承受的压力。

3. 工业企业对污染治理的投入不足

与全国平均水平相比，长江经济带沿线地区对污染治理的投资力度更大，但就其绿色发展的实际需求来看，仍显不足。近年来，生产成本上升等因素对企业盈利能力造成较大压力，企业对节能减排的投入动力不强。如何更好地处理实现绿色转型与保持稳定增长之间的关系，是长江经济带沿线企业需要解决的重要问题。

二、 推动长江经济带共抓大保护的建议

(一) 坚持依法推动

1. 立足流域水生态核心，依法审理水环境与水资源案件

依法审理水污染防治案件，推动水污染防控和治理；依法审理水资源开发利用案件，促进长江水资源可持续利用；依法审理水权交易纠纷案件，促进水资源高效利用与节约保护；依法审理涉航道、河道案件，保障长江水域水运安全；依法审理涉河湖水域岸线保护案件，强化河湖水域岸线生态功能；依法审理涉蓄洪区、洲滩开发利用案件，维护蓄洪区及洲滩的安全；依法审理涉江河湖泊治理案件，推进全流域水资源保护和水污染治理；依法审理涉长江防护林和天然林草资源案件，促进长江岸线水土保持和水源涵养；依法审理涉湿地生态系统保护案件，促进湿地生态保护与修复。

2. 立足上中下游生态环境特点，依法审理各区段重点案件

长江上游各级人民法院要重点把握上游地区水源涵养和水土保持的功能定位；长江中下游各级人民法院要依法审理工业污染、城镇和农村污染案件，保障江河湖泊生态环境安全；沿江海事法院要充分利用跨行政区划管辖的优势，妥善审理长江流域环境污染、生态破坏案件。

3. 健全体制机制，适应长江流域生态文明建设与绿色发展司法保障的新要求

（1）优化审判机制。推进流域内环境公益诉讼、跨行政区划环境污染、生态破坏案件的集中管辖机制。推进流域内环境资源刑事、民事、行政案件的“三合一”或者“二合一”归口审理模式。推进构建重大环境资源行政案件在跨行政区划法院审理的专门管辖机制。

（2）构建协同机制。构建刑事、民事、行政审判和立案、执行等部门的协同审判机制；构建长江流域环境资源审判协作平台，形成全流域法院之间委托送达、委托取证、委托执行和信息共享机制。构建区域内上下级法院之间的信息报送机制。

（3）完善联动机制。加强与流域内政府法制部门、行政执法机关、流域管理机构之间的协调联动，积极搭建长江流域环境资源信息共享平台。通过建立和完善信息共享、联席会议以及突发环境事件的应急响应等联动机制，形成合力，共同维护长江经济带的生态安全。

（二）规划先行

长江经济带内各省市县尽快出台保护生态环境、实现绿色发展的相关规划或实施方案。例如，2017 年 11 月，湖北省在全国率先出台《湖北长江经济带生态保护和绿色发展总体规划》，围绕水污染治理、水生态保护、水资源利用，初步建立总投资 1.14 万亿元的项目库，助力长

江大保护。湖北省委书记表示，把修复长江生态环境摆在压倒性位置，启动实施一批长江生态环境重大修复工程。

（三）加大处罚力度

严肃查处破坏生态环境或执行不力的行为。例如，2016 年 11 月 26 日—12 月 26 日，中央第三环境保护督察组对湖北省开展了环境保护督察工作，并于 2017 年 4 月 14 日将督察发现的 18 个生态环境损害责任追究问题移交湖北省，要求依法依规进行调查处理。湖北省委、省政府对此高度重视，及时成立了由省委书记、省长任组长的中央环保督察整改工作领导小组，下设案件查办组，抽调专业人员组成 18 个调查组，迅速组织开展调查问责工作。根据查明事实，依据有关规定，经省委、省政府研究决定，对 221 名责任人进行问责。其中，厅级干部 26 人，处级干部 113 人；给予党纪处分 97 人次（其中撤职 3 人），政纪处分 101 人次（其中行政降级以上 10 人），组织处理 36 人次（其中免职 9 人），移送司法机关处理 8 人。

（四）创新管理体制，做实“长江经济带协调委员会”

建议国家做实“长江经济带协调委员会”，建立定期联系会议制度，通过定期召开联系会议，协调人类活动与生态环境之间的关系，加强对整个长江经济带重大工程、重大项目的规划、指导、协调和决策。

实施对等原则：对中下游省市可能造成较大生态环境影响的重大项目，中下游省份要有知情权和一定的表决权。同时，中下游省市也应当承担横向生态补偿转移支付的义务。

（五）实现区域联动，建立跨区域联防联控体系

为防止长江经济带进入“你污染，我治理”的怪圈，必须建立跨区域

联防联控体系，实现长江经济带流域同步环境治理。建立长江经济带统一的工业项目、建设项目环境准入和主要污染物排放标准。统一淘汰经济带内落后产业，联手控制高污染、高排放工业、企业继续新增产能；逐步统一清洁能源供应指标；联手开展城市大气污染防治，推进脱硫、脱硝工程建设，统一淘汰黄标车和老旧车，防治机动车尾气污染，加强对工业烟尘、粉尘、城市扬尘和有毒有害空气污染物排放的协同控制；统一流域内各省环保监测方法和标准，搭建统一的生态保护监测网络，实现一体化监测质量管理；建立完善的流域环境信息网络平台，实现省域间环境信息的共享，等等。

（六）创新投资机制，建立健全稳定增长的环保投入机制

根据国际经验，环保投资占 GDP 的比例为 1%～1.5%时才能基本控制环境污染；当投资占比提高到 2%～3%时，环境质量才能明显提高。发达国家的环保投资大都占 GDP 的 2%～3%，我们国家环保投资占比还处在 1.5%左右的水平。由于历史欠账太多，因此，实现长江经济带生态环境的根本性好转，11 个省市都必须建立健全稳定的环保投入机制。

1. 长江经济带作为国家生态安全重要组成部分之一，国家应从中央财政拨出专款用于长江流域生态安全建设。

2. 长江流域省市各级政府应继续加大环保财政投入，环保投资占国内生产总值的比例应尽快向发达国家看齐。

3. 探索环保投资主体多元化，即除了政府财政投资外，同时应积极探索政府绿色债券融资、采购制度、财政贴息、公私合作模式（PPP模式）、税收激励政策等，以鼓励企业、个人和外商投资，积极参与长江流域生态建设。

多利益相关方合作共建长江经济带

任文伟

世界自然基金会中国淡水项目主任

长江不像相对人类活动较少的亚马逊河或者密西西比河，而是人类活动高度饱和的系统，我们如何在这样复杂的系统中保护环境？这是很大的一个挑战。长江流域不仅有人类活动的影响，也有气候变化的影响，像海平面上升、源头冰川融解，以及像2011年的鄱阳湖先涝后旱等灾害。

一、 长江经济带生态环境面临的威胁

整个长江流域有大量的基础设施，特别如水电基础设施对长江是巨大的挑战。一方面，这些水电基础设施为我们提供了很多清洁能源，提供了航运的便捷；另一方面，这些水电基础设施对生态系统是一个很大的挑战，包括对下游的河口。未来必须把水利工程的影响降到最低。整个长江面临的挑战，水电是非常大的。

气候变化是影响因素之一。长江水资源相对比较丰富，人类活动导致气候极端变化，冰川融解，很多湖泊特别是青藏高原上的面积越

来越大，最终很多水生生物都会受影响。短期看起来水量丰富，长时期看可能是更大的一个隐患。

另外一个影响因素是资源的过渡捕捞，数据显示，全球在20世纪70年代至2012年的数据，整个地球上的水生生物下降了81%，这一数字令人震惊，而且还有下降的趋势。长江里面“长江女神”——白鳍豚正在面临灭绝，还有白鲟，现在已基本上灭绝。葛洲坝修建以后，白鲟没法洄游。如果长江的水生生物下降，长江就不是一条河流，就不是生命体，而只是水渠了，这对长江流域的发展是个巨大的挑战。

二、构建多利益相关方共同参与的治理模式

(一) 以世界自然基金会为例，作为非政府组织(NGO)的我们与政府合作

从1998年长江大水暴发以后就跟一些部委合作。

1. 世界自然基金会与国家林业局在上海发起并建立了长江湿地的保护网络，2018年4月底要在西藏林芝建立分站，努力把流域综合管理纳入政府文件中。

2. 世界自然基金会与三峡合作。虽然三峡在经济效益中发挥了很大的作用，但是在生态方面破坏比较大，世界自然基金会试图将其对下游的生态影响(上海每年面临着咸潮入侵的危险)降到最低。

3. 世界自然基金会与高校合作，开始“湿地使者”行动，通过社会传播让大家逐渐了解湿地的重要性。

(二) 世界自然基金会与长江沿线的园区和企业合作

之前，长江沿线很多中小企业跟政府在环境保护方面的关系就是猫捉老鼠的关系。世界自然基金会一方面跟政府协调合作；另一方面

利用市场机制建立生态补偿基金，将这些中小企业纳入像HM、GAP、阿迪达斯等国际品牌的供应链中，通过大企业带动小企业转型升级、保护环境。

(三) 世界自然基金会联合联合国教科文组织，开发流域规划、治理教材

同时，世界自然基金会与水利部门签署协议，拉动像汇丰、可口可乐等大企业支持我们的工作。例如，可口可乐提出三个工作计划：(1)淡水计划；(2)价值链的管理；(3)自然资本的管理。

世界自然基金会和很多其他机构一起合作共同保护生态和谐、自然资本，更重要的是要改变外界的驱动因素。改变消费者观念，选择绿色的消费；引导金融机构，让资金流向这些绿色行业，而不是流向污染行业。

同时，改变治理模式，把单一的政府治理模式变成多利益相关方共同参与的治理模式，最终实现生物多样性的恢复以及水资源水能源的安全。长江不是一个简单的水渠，而是人与自然和谐的生态系统，它不仅给人类提供生存的环境，也给物种提供生存的环境。我们希望在未来能有更多的社会因素加入并参与长江大保护的行动中。

区域大合作

推动长江经济带联动发展

秦尊文

湖北省社会科学院副院长、研究员

一、长江经济带发展面临的问题

(一)行政区划分割问题突出

长江经济带有11个省市,横跨东中西三大地带,需要推进区域经济一体化,但面临着行政区划分割矛盾的掣肘。一方面,区域内各城市之间存在着非常密切的人员、资金、物品的流动和信息传递,经济一体化势头越来越明显和强劲;另一方面,长江经济带又是拥有多级、多个行政单元的区域,各级政府主导行政区内的经济发展,每个市县,甚至每个乡镇都是一个经济体,表现为按行政管辖范围来组织经济发展的"行政区经济"运行模式。

(二)三大城市群衔接不足

为推进长江经济带发展,2015年3月以来国务院先后批复了长江中游、成渝、长江三角洲三个城市群发展规划。如果说下游、中游、上游分别是“龙头”“龙身”“龙尾”，现在出台只是“龙头”“龙身”“龙尾”局部规划，导致三段衔接不足。长江中下游之间的皖江城市带，2014 年之前曾一度参与长江中游城市群建设，后被国务院《关于依托黄金水道推动长江经济带发展的指导意见》划入长江三角洲城市群，其与长江中游城市群一体化发展的势头衰减。

但由于其西部的安庆、六安、池州等距离东部沿海太远，难以被认同为“长江三角洲地区”，目前处于“不东不中”的尴尬地位。而在长江中游城市群与成渝城市群之间还存在“断链”，两大城市群并不接壤，两者之间尚无整体联动。

三大城市群之间基础设施衔接也明显不足。公路建设尚存在不少断头路和瓶颈路，港口、机场、铁路、能源等重大基础设施的规划布局还缺乏有效配套和衔接。另外，关于解决三峡大坝运输卡口问题，到底是开辟第二通道还是坚持翻坝运输，上游与中游也是争论不休。

(三) 产业一体化程度不高

除上海、江苏、浙江外，其他省市都处于工业化快速发展的中期阶段，都有着先把自己“块头”做大的强烈愿望，相互之间争投资、争项目、争人才，导致很多地区的产业结构趋同，低水平重复建设比较明显。比如多数省市都大力发展汽车及零配件、食品烟草、装备制造、石油化工、电子信息等产业，但区域间缺乏专业化分工协作和密切的经济联系，没有形成产业集群发展，产业关联带动能力差，导致产业一体化程度偏低，不能形成产业集聚效应，影响了长江经济带整体性竞争优势的发挥。

(四) “共抓大保护”落实不够

“共抓大保护”是长江经济带各省市共同的责任，但目前“各抓各”

的多，“共抓”得不够，表现跨区域环保合作力度不大。长江经济带的上游地区承担着涵养水源、治理水污染等生态屏障职能，在一定程度上限制了经济发展，而下游地区是良好生态环境的受益者，导致长江流域生态保护呈现“上游地区负担，下游地区受益”和“贫穷地区负担，富裕地区受益”的不合理局面，由于节能降耗和主要污染物减排压力大，上游企业受到治理成本、治理技术等因素制约，环保设施与排污强度不配套，不能做到持续稳定达标排放，上游地区环境保护积极性不高。

于是，在地方保护和追求地方 GDP 的大前提下，“你污染我，我污染他”成为灰色的环保潜规则，牺牲其他地区的环保利益换取自己的经济利益，形成“以邻为壑”的破坏式发展思维和模式，多年来，长江省界断面上出现上游污染中游、中游污染下游、下游污染河口、河口污染海洋，转嫁污染导致的摩擦和争执屡屡发生。

二、 建立长江经济带联动发展机制

(一) 健全流域一体化发展机制

1. 要加快重要政策一体化

如引资政策、财税政策、土地政策、开发区政策、金融政策、环境保护政策等方面保持基本的统一，要有统一的区域经济社会发展长远规划。

2. 要加快推进市场一体化

充分尊重市场规律，尽快建立起各省市政府间沟通与协调正常化、法制化机制，打破行政区域局限，破除地区保护主义。

3. 要加快推进基础设施一体化

加快长江经济带快捷交通、通信、电网和能源、水利、环保等基础设施建设与管理的一体化。

4. 要加快推进生态环保一体化

11 个省市统一划定生态保护红线，全面建立生态保护红线制度。统筹水域陆域，细化主体功能区生态保护要求。加强生态保护和修复，依法严厉打击流域生态破坏行为。

（二）建立三大城市群合作机制

长三角城市群、长江中游城市群、成渝城市群是长江经济带三大主体城市群。三大城市群建设好了，长江经济带也就发展起来了。鼓励和支持三大城市群内部建立市长联席会议制度，定期和不定期协商解决区域内重大问题，积极推进交通、旅游、工业、农业、生态、科技、人才、投资等方面合作。

大胆探索创新型区域合作机制，包括上中下游税源的划分机制、资源使用的购买和补偿机制、产业转移的对口协商机制、政绩的分类考核机制、政府机构的交流机制等。

（三）加强上中下游之间城市合作

1. 开展中上游合作

中上游地区是长江经济带发展的重点和难点，要发挥武汉、重庆、成都等中心城市的带动作用，加快建设各类基础设施和承接产业转移，积极融入“一带一路”和长江经济带建设。

2. 开展中下游合作

中下游地区是长江经济带一体化发展的重点，要以城市群之间城际轨道交通对接、长江中下游航道整治，特别是以安庆至武汉 6 米水深航道建设为契机，深化区域合作。

3. 开展上游与下游合作

推广沪滇合作经验，建立上下游互动合作机制；利用对口支援三峡库区机制，助力三峡生态城市群建设。

4. 开展上中下游互动合作

充分发挥各自优势，进一步加强长江经济带上、中、下游区域合作力度。如长江上游地区矿产、电力、劳动力等资源富集，市场需求较大，重大装备、航空航天等特色产业也在全国处于领先水平，这将为下游产业向上中游转移奠定坚实基础。

三、 长江经济带联动发展的重点任务

(一) 完善综合交通体系

1. 加快上海、武汉、重庆三大航运中心建设

随着上海自由贸易试验区的率先运行和湖北、重庆自由贸易试验区的跟进，三大航运中心地位和作用会越来越重要。

2. 加强航道建设

“一寸水深一寸金”。要依托黄金水道建设长江经济带，既要加快形成干支流协调的高等级航道系统，扩大三峡枢纽的航运通过能力，也要提高港口现代化水平，合理布局过江通道。

3. 建设立体交通走廊

大力发展航空、铁路、高速公路和管道运输，建成合理的现代化集疏运体系，为长江经济带发展创造高效、便捷、安全的综合运输条件。

(二) 构建流域生态化城镇体系

目前，长江经济带下游地区城市职能分工互补性强，中上游地区尚未形成互补的职能分工体系，城镇体系空间分布不均衡，空间运行成本高，经济带城镇化发展对流域资源环境产生了越来越大的压力。

针对长江经济带发展所面临的资源与生态环境压力，重点建设三

峡生态经济合作区、洞庭湖生态经济区、鄱阳湖生态经济区等生态示范区，综合治理沿江水污染和土壤污染，加大力度治理水土流失和地质灾害，构筑沿江生态安全屏障，打造人与自然协调发展的生态化城镇体系。

（三）积极推广“飞地经济”模式

建议在长江经济带增设东中西区域合作示范区，通过“飞地经济”模式将示范区主要设在长江中上游地区。

在这方面，江苏苏州和安徽滁州已有成功的探索。双方采用股份制公司合作模式，即在滁州设立“苏滁现代产业园”。产业园采用“政企分离”模式：园区管委会负责行政管理，具体开发由苏州中新股份、滁州城投集团按照56％、44％的股权比例组建。

应在全流域特别是中上游地区增设东中西区域合作示范区，推广苏滁“飞地经济”模式。三峡库区对口支援、沪滇对口合作，也可运用“飞地经济”形式设立上海产业园、苏州产业园、宁波产业园等，启动东部达城市在中西部“造血”的内生动力。

（四）共推“一带一路”国际产能合作

1. 推动传统优势产业率先“走出去”

“走出去”符合供给侧结构性改革精神，既能促进企业有效利用国内外资源和市场，又能帮助发展中国家建立更完整的工业体系、提升制造能力、解决就业，实现双赢。

2. 加强先进装备制造合作

长江经济带一些先进装备制造企业“走出去”已先行一步，如中联重科2015年成功进军白俄罗斯；襄阳汽车轴承股份有限公司收购波兰KFLT轴承公司89.15％的股份，成功并购波兰最大的轴承制造企业。

今后，还要加快推进航空航天装备、船舶和海洋工程装备、核电装备、轨道交通装备制造等企业“走出去”。

3. 发展境外战略性新兴产业

目前，长江经济带各省市已有战略性新兴产业类境外企业数百家，其中湖南省就有156家。湖北在国内外同步推进北斗产业，泰国成为北斗导航系统的首个海外用户。2014年6月，泰国首批北斗地基增强站建成投入使用，未来规划在泰国建设北斗地基增强站220个，建设覆盖整个东盟的北斗地基增强系统。

4. 联合开展对外承包工程

要抓住“一带一路”建设、亚投行建立等机遇，扩大基础设施建设合作，真正能够做到优势互补、互利共赢，既发挥长江经济带产业的竞争优势，又为当地的工业化和城镇化发展做出积极贡献。

长江经济带城市协同发展格局与对策

曾　刚

华东师范大学城市发展研究院院长、教授

推进长江经济带城市协同发展，有利于解决我国经济下行压力加大、驱动力不足问题，突破生态环境困局；有利于形成“创新、协同、绿色、开放、共享”发展新示范；有利于实现西方发达国家与东南亚市场多元化，分散对外贸易风险，改善我国的地缘政治形势；有利于实现我国东部沿海与长江沿岸组合而成的“T”字形国家战略构想的第二阶段目标，实现从沿海走向腹地、内地的新跨越；有利于实现我国东西联动以及人口、资源、生态协调发展，重塑我国国土开发新格局。开展长江经济带城市协同发展能力评价，可为推进长江经济带城市协同发展提供政策指引。

一、 长江经济带城市协同发展能力排行和分类

基于增长极理论和复合生态系统理论的科学基础，遵循科学性与可操作性相结合、前瞻性与现实性相结合、国际性与地方性相结合的原则，运用相关分析、空间分析、规模-位序分析方法，对长江经济带

110 个城市的协同发展能力进行计算,评价结果如表 1 所示。

表 1　2017 年长江经济带城市协同发展能力排行榜

排名	城市	排名	城市	排名	城市	排名	城市	排名	城市
1	上海	23	玉溪	45	蚌埠	67	安庆	89	宿迁
2	南京	24	扬州	46	曲靖	68	宿州	90	湖州
3	武汉	25	巴中	47	绵阳	69	阜阳	91	安顺
4	苏州	26	盐城	48	常德	70	邵阳	92	攀枝花
5	成都	27	资阳	49	南充	71	昭通	93	宜宾
6	重庆	28	吉安	50	赣州	72	淮安	94	达州
7	长沙	29	常州	51	九江	73	广安	95	铜陵
8	合肥	30	六安	52	丽水	74	泸州	96	临沧
9	南通	31	宣城	53	黄冈	75	孝感	97	六盘水
10	南昌	32	台州	54	张家界	76	雅安	98	荆门
11	昆明	33	上饶	55	十堰	77	自贡	99	淮南
12	杭州	34	徐州	56	内江	78	普洱	100	荆州
13	无锡	35	芜湖	57	随州	79	萍乡	101	黄石
14	黄山	36	景德镇	58	连云港	80	德阳	102	乐山
15	宁波	37	永州	59	益阳	81	襄阳	103	保山
16	温州	38	泰州	60	岳阳	82	衡阳	104	鄂州
17	镇江	39	铜仁	61	咸宁	83	怀化	105	马鞍山
18	贵阳	40	宜春	62	株洲	84	宜昌	106	毕节
19	丽江	41	亳州	63	池州	85	眉山	107	绍兴
20	舟山	42	金华	64	遵义	86	湘潭	108	娄底
21	抚州	43	遂宁	65	郴州	87	广元	109	嘉兴
22	鹰潭	44	滁州	66	淮北	88	新余	110	衢州

长江经济带各地级市的协同发展能力与其位序近似服从 Zipf 的规模位序分布规律,得分的对数与其排序的拟合优度达到了 82.2%。与 2016 年相比,2017 年年度规模-位序拟合线斜率的绝对值变小,说

明协同发展能力呈现出分散化的趋势，生态与经济仍然呈现不协调状态。

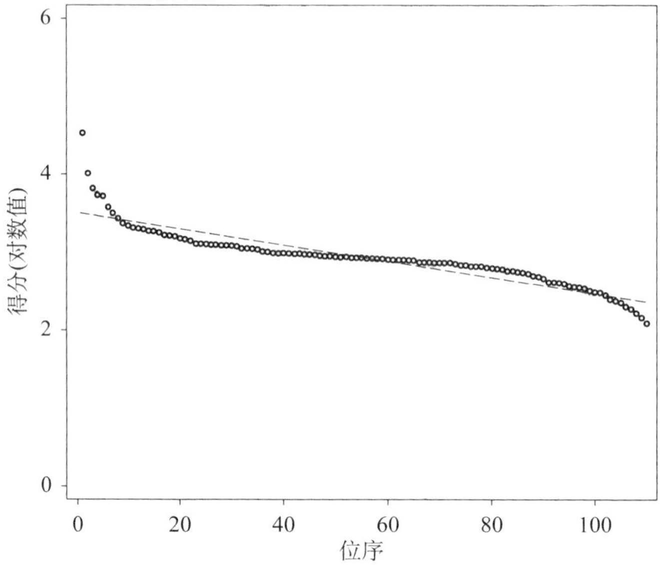

图1　2017年长江经济带城市协同发展能力的得分-位序分布

根据城市协同发展位序将长江经济带110个城市分为5类：

第一类是龙头城市，得分为100分，只有上海1座城市；第二类是区域高级城市，得分为31～58分，有南京、武汉、苏州、成都、重庆5座城市；第三类是区域重要城市，得分为17～31分，有长沙、合肥、南通、南昌、昆明、杭州、无锡、黄山、宁波、温州、镇江、贵阳、丽江、舟山、抚州、鹰潭、玉溪、扬州、巴中、盐城、资阳、吉安、常州、六安24座城市；第四类是地方中心城市，得分为7～17分，有宣城、台州、上饶、徐州、芜湖、景德镇、永州、台州、铜仁、宜春、亳州、金华、遂宁、滁州、蚌埠、曲靖、绵阳等64座城市；第五类是地方城市，得分在7分以下，有铜陵、临沧、六盘水、荆门、淮南、荆州、黄石、乐山、保山、鄂州、马鞍山、毕节、绍兴、娄底、嘉兴、衢州16座城市。

从长江经济带城市协同发展能力空间格局来看，下游地区是协同发展能力高值集聚区，存在上海一个全经济带的中心和南京、苏州、合肥、杭州等区域性中心，城市间协同发展能力水平差异不大，已步入一体化阶段，是长江经济带其他地区发展的样板。

中游地区的协同发展能力居中，除武汉、长沙、南昌3个省会城市协同发展能力较高外，其余城市的协同发展能力并不突出，说明这一区域的协同能力受行政级别影响较大，处在非均衡发展阶段，中心对周边的“虹吸效应”大于“辐射效应”。此外，中游地区协同能力较高的城市呈现沿京广线和京九线带状分布的特征。

上游地区的协同发展能力低，仅重庆、成都、昆明、贵阳、丽江协同发展能力较高，区域内协同发展能力的空间差异较大，属于低水平发展地区。

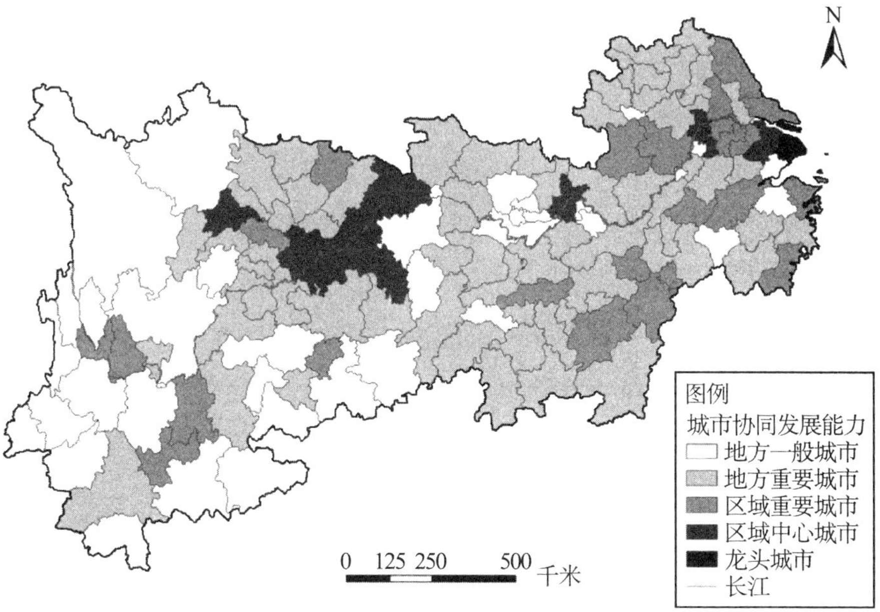

图2　2017年长江经济带城市协同发展能力空间分布

二、 专题领域排行榜

表2－5列出了经济发展、科技创新、交流服务和生态支撑等4个专题领域的排行榜。经济领域主要受城市经济总量、吸引的高等级和对外协同联系功能要素的影响；科技创新主要受大学、创新资源、创新型企业的影响；交流服务主要受区位、交流服务设施的影响；生态支撑主要受城市能耗、污染、环保的影响。

表2　2017年长江经济带城市协同发展能力经济发展领域排行榜

前10榜				后10榜			
排名	城市	指数	名次变化	排名	城市	指数	名次变化
1	上海	100.00	0	101	池州	1.73	－3
2	苏州	56.50	＋1	102	广元	1.67	－3
3	重庆	55.05	－1	103	安顺	1.66	－3
4	杭州	51.28	0	104	普洱	1.45	＋4
5	成都	43.40	0	105	铜仁	1.44	－3
6	武汉	39.45	0	106	巴中	1.37	－2
7	无锡	36.09	0	107	雅安	1.27	－1
8	宁波	34.07	0	108	张家界	1.24	－1
9	南京	30.65	0	109	临沧	1.22	0
10	长沙	26.63	0	110	丽江	1.00	0

表3　2017年长江经济带城市协同发展能力科技创新领域排行榜

前10榜				后10榜			
排名	城　　市	指数	名次变化	排名	城市	指数	名次变化
1	上海	100.00	0	101	广元	1.11	－2
2	南京	66.30	0	102	抚州	1.11	－19
3	苏州	43.43	＋3	103	内江	1.08	－7

（续表）

前 10 榜				后 10 榜			
排名	城市	指数	名次变化	排名	城市	指数	名次变化
4	武汉	34.87	-1	104	巴中	1.08	+4
5	成都	32.39	-1	105	铜陵	1.08	-44
6	杭州	23.76	-1	106	鹰潭	1.07	-1
7	重庆	21.79	+2	107	随州	1.06	0
8	长沙	21.67	0	108	广安	1.03	+1
9	合肥	18.64	-2	109	临沧	1.01	+1
10	南昌	10.80	+4	110	遂宁	1.00	-6

表 4　2017 年长江经济带城市协同发展能力交流服务领域排行榜

前 10 榜				后 10 榜			
排名	城市	指数	名次变化	排名	城市	指数	名次变化
1	上海	100.00	0	101	黄山	1.56	-1
2	成都	58.84	+4	102	保山	1.56	+5
3	武汉	43.19	-1	103	新余	1.47	0
4	重庆	41.01	-1	104	安顺	1.43	0
5	杭州	32.06	-1	105	雅安	1.30	+1
6	南京	28.52	+1	106	鄂州	1.24	-1
7	昆明	23.69	-2	107	普洱	1.20	-70
8	宁波	22.31	-1	108	池州	1.17	0
9	苏州	20.57	-1	109	铜陵	1.08	0
10	贵阳	17.69	+5	110	临沧	1.00	-9

表 5　2017 年长江经济带城市协同发展能力生态支撑领域排行榜

前 10 榜				后 10 榜			
排名	城市	指数	名次变化	排名	城市	指数	名次变化
1	黄山	100.00	+22	101	荆州	37.12	-1
2	丽江	93.19	+53	102	马鞍山	32.10	-4

(续表)

前10榜				后10榜			
排名	城市	指数	名次变化	排名	城市	指数	名次变化
3	南京	93.03	-1	103	成都	29.51	-93
4	抚州	87.26	+23	104	娄底	28.76	+3
5	鹰潭	87.11	+20	105	重庆	24.86	-102
6	南通	86.02	0	106	衢州	24.75	+3
7	舟山	84.15	+23	107	毕节	22.35	-1
8	巴中	84.08	+12	108	嘉兴	13.66	-7
9	资阳	82.49	0	109	绍兴	9.87	-22
10	镇江	82.02	-2	110	杭州	1.00	-59

三、对策建议

(一)重视城市协同发展的顶层设计

要实行长江经济带合作一体化,避免各个城市重复建设,浪费资源,必须统一规划思路,制定一个长江经济带的统一规划,形成统一的协同发展战略。世界大江大河的开发实践都表明,沿岸产业带的建设必须从整体利益的角度制定各种规划,并付诸实施。同时航运、水电、灌溉、交通通信等基础设施建设要协调一致。对城市发展、产业布局和经济发展以及生态环境的治理和保护要统筹安排。在统一规划的同时,也可以选择一些发展条件较好、发展潜力较大,能够支持和带动地区经济发展的核心地区作为重点,培育成为带动地区经济发展的增长极和增长带。要做到这一点,需要从经济带内各省、市之间历史形成的联合协作关系实际出发,通过制定合理的地区梯度政策推进,用区域联合来推动区域经济一体化,为区域协同发展提供有力的保证。

1. 长江经济带合作协同机制的形成，必须有一个整体统一的战略规划。各省市都应当共同参与长江沿江经济带协同发展统一规划的制定，避免行政割据带来的盲目发展。

2. 要充分发挥跨地区的流域发展协调组织在市场建设中的作用，促进流域经济联系与协同合作等方面的工作。

（二）建设城市间产业协同发展机制

协同发展是区域经济发展的必要阶段，虽然不同发展时间段及发展阶段的跨区域协作表现出的特征有所差异，但这是经济发展的普遍现象。相似经济水平的区域，由于地理邻近、地缘关系等因素的影响，会出现区域间的产业集群及产业集群间的技术合作；处于不同发展阶段及发展层级的区域，产业集群及合作的方式等也各不相同。长江经济带建设需要突破固有思维框架，实现跨区域的协调发展。具体来看，首先通过培育长江经济带技术产业联盟加强产业技术研发资源共享。如以上海市为技术研发中心来进行地域上或空间上的技术扩散。通过核心城市主导技术形成，向周边地区通过产业联盟的组织形态进行核心技术和外围技术的扩散与渗透，促进核心产业链发展，最终实现整体创新力和综合经济效益的提升。同时鼓励企业与企业、企业与科研院所之间建立技术联盟，采取联合出资、共同委托等方式进行合作研究开发，加快科研院所与企业之间的流动，促进产业共性技术的发展和共享，提升产业技术水平。各区域的核心领域创建产业创新联盟，带动长江经济带跨区域的产业标准制订、产学研合作、关键技术攻关等领域整体提升。

（三）构建城市协同发展的公共服务平台

对长江经济带各地区技术产业联盟乃至集群的规模、结构、投资及科技创新等情况进行全面反映和监测，对技术产业长远生命周期发展中存在的问题和不足，有针对性地采取措施，实施动态政策发展。此外，建设跨区域产业公共技术服务平台，加大共性技术研究开发与应用示范。在整个经济带中，对开放式、专业化共性技术服务平台建设，以及信息技术自主创新产品研发，由当地政府部门给予专项资金资助。建立符合规定条件的工程实验室、重点实验室、工程（技术）研究中心和企业技术中心，当地政府部门给予专项资金资助。除此之外，企业、高等院校和科研机构承担国家科技支撑计划等各类国家科技计划及项目建设，地方政府给予配套资金支持。同时，对长江经济带区域资源进行优化升级及合理配置。促进长江经济带区域资源等要素的充分流动、互通有无，提高区域资源整合能力及配置效率。逐渐去除行政区划的障碍，通过技术基础平台、专业服务平台、科技中介平台及科技管理平台等多方建设，实现跨区域资源的最优配置，加强区域间的科技交流及合作，积极开放区域协同公共服务平台。

（四）发挥中心城市的辐射带动作用

长江经济带区域协同发展从空间角度呈现多城市子群并存的特点，每个子群有自己的核心辐射城市。从长江经济带协调发展能力来看，上海在长江经济带中的地位十分突出。上海是长江经济带与“一带一路”的交汇点。因此，需要利用其独特优势，积极搭建起长江经济带区域合作的多机制、多层次合作平台，从根本上获得内在和外在驱动力，以提升长江经济带的整体能力和影响力。除了上海以外，苏州、杭州、南京等长三角城市群的总体协同水平都很高，三个小子群之间的联系相对较为紧密。因此，在长江经济带未来发展中要充分发挥长三角地区的协同能力及其对其他地区进行辐射带动，如充分发挥上海在长江经济带中的引擎作用，加强其对长三角北部及南部城市群的辐射，发挥其国际经济中心、航运中心的优势，通过对长三角其他城市群的辐射来加强与长江中游、上游城市群的联系。同时加强长三角都市连绵带一体化建设，形成中心明确、沟通无碍、协同合作的网络式区域体系。

长江中游城市群以武汉、长沙、南昌为主要的协同核心城市，整个中游城市群在长江经济带中起到东西承接作用。中心城市又与自己周围的城市形成各自的小子群，未来中游城市群的发展方向要继续加强中游子群间的一体化，减弱多核子群间的不平衡，使小子群形成更为密切的协同关系，才能更广泛地对接来自下游的经济辐射，并更好地辐射上游区域。武汉要进一步发挥其在长江的枢纽作用，通过搭建长江经济带物流服务相关信息平台，为长江经济联动提供畅通无阻的通道。

上游地区与成渝城市群为主要的组团，另外昆明、贵阳的协同指数也较高，但是从该区域整体上看，呈现以重庆为中心的“一心多核”空间结构特征，核心城市之间以及对中下游城市群的辐射作用并未充分发挥。因此未来发展中，一方面，在上游城市子群间建立更强的协同关系，建设上游内部的联系通道，实现上游区域的区域协同一体化；另一方面，成渝子群本身要积极通过与武汉子群及南昌子群等建立更为广泛的联系，进一步推进长江经济带的区域一体化发展。

协同打造长江经济带成为高水平改革开放带

孙长学

中国宏观经济研究院战略规划室主任、研究员

一、长江经济带国家战略的导向作用正在显现

长江经济带发展战略实施以来，9省2市增速发展态势良好，高于全国水平愈加明显，2017年高于全国增速约1个百分点。从9省2市发展态势看，长江经济带"发挥国家战略的引领作用"效果正在显现。2013—2017年，经济总量在全国占比从41.2%提升至43.8%，提升2.6个百分点。对全国经济的贡献率，5年提升4.8个百分点，年均提升接近1个百分点（见图1）。沿江省市发展协调度正朝着战略指向的目标进展。2017年，长江经济带西部、中部、东部地区分别增长9.0%、8.0%、7.4%。居民收入增长与经济增长同步，人均居民可支配收入大多实现7%左右，甚至更高增长，共享发展在长江经济带得到较为充分的体现（见图2）。

长江经济带战略实施以来展现的发展态势总体上得益于一系列

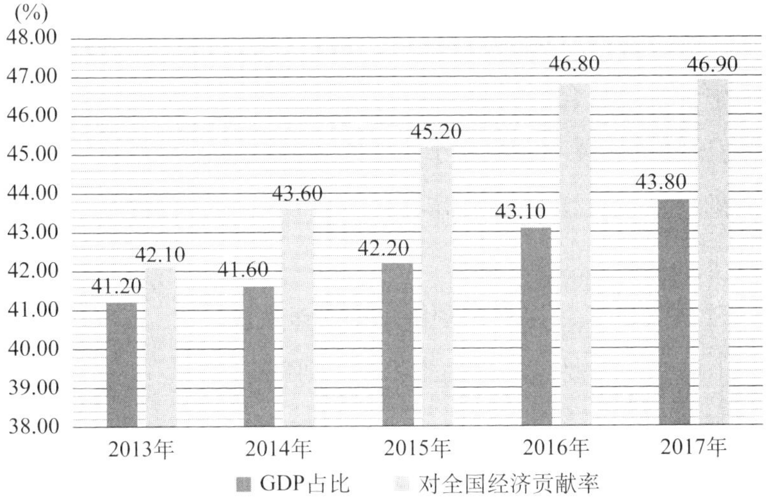

图 1　2013—2017 年长江经济带 GDP 占比及对全国经济贡献率

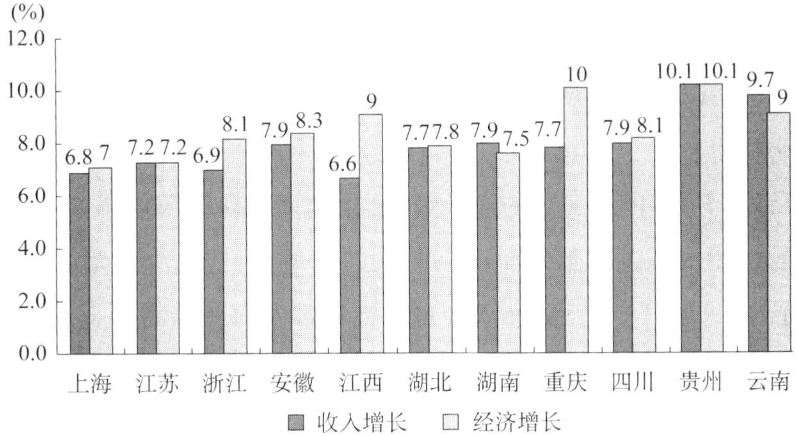

图 2　2017 年长江经济带居民收入增长与经济增长对比

改革举措产生了积极效应。

(一) 新发展理念在长江经济带的实践和转化

党的十八大以来,《长江经济带发展规划纲要》实施落实,“绿水青山就是金山银山”等理念深入人心。

（二）协调统筹机制加强

上中下游区域合作机制建设，不仅包括国家层面的顶层协调机制（如推动长江经济带发展领导小组），也有三大区域间和区域内部之间的协调机制（如长三角区域合作办公室）。

（三）国家在长江经济带密集配置改革资源

如上海自由贸易试验区、国家自主创新示范区、各区域的城市群规划等。

二、抓住改革开放40年新起点机遇，长江经济带有条件在新一轮改革开放中发挥更大作用

（一）以40年为起点，改革开放的决心更大、力度更广、领域更宽、限制更少

改革开放40年积累的经验，特别是全面深化改革以来，改革的决心更大，干成了过去想干而没有干成的大事；目前几个自贸区加起来接近120平方千米范围，而海南自由港则涉及海南全岛3.5万平方千米；改革领域也从开始的加工贸易向服务业、制造业、医疗、金融等高端领域拓展；行业发展的限制进一步减少，如对外资的股比限制在金融等领域都已达到51%，汽车行业取消5年限制等。

（二）推进新一轮沿江全面改革开放时机已经成熟

沿海开放、沿江开放、腹地开放是经济发展的历史规律，2018年将隆重纪念改革开放40周年，中国改革的领域将更广、举措将更多、力度将更强。在博鳌亚洲论坛2018年年会开幕式上，习近平总书记宣布了

下一阶段在扩大开放方面的几项重大举措；在庆祝海南建省办经济特区30周年大会上，习近平总书记宣布党中央决定支持海南全岛建设自由贸易试验区，支持海南逐步探索、稳步推进中国特色自由贸易港建设，分步骤、分阶段建立自由贸易港政策和制度体系。这一系列改革措施必将推进新一轮沿江全面改革开放。

（三）长江经济带的改革资源丰富，最有条件形成中国最大的高水平改革开放带

长江经济带沿线在改革开放中的渊源久远，改革文脉深厚，从改革开放初期安徽、四川的农村改革，四川的企业改革，到20世纪90年代浦东开发开放，再到第一个国家综合配套改革试验区，第一个自由贸易试验区等；长江经济带横贯东中西、辐射南北方，成片成带改革创新优势明显。包括上海、重庆2个直辖市，南京、杭州、宁波、武汉、成都5个副省级城市，103个地级市、133个县级市、9 071个建制镇，是我国涵盖城市类型、规模和数量最为丰富多样的区域之一。长江经济带具备双向开放、海陆统筹的开放优势。东面以上海为代表，海上开放；西面以云南为桥头堡，陆上开放。长江经济带通江达海、江海直达，正全面融入"一带一路"建设，江海联动开放优势十分明显。

（四）长江经济带是我国改革开放的先行地区

拥有以上海浦东和重庆两江两个新区为代表的13个国家级改革试验区（示范区、新区），81个国家级经济技术开发区和边境经济合作区，27个国家级高新技术产业开发区，贵州、浙江、江西（以及青海）列为国家生态产品价值实现机制试点区，上海、武汉、重庆国际航运中心、南京区域物流航运中心、九江区域航运中心，在全国12个自由贸易试验区中，长江经济带占5个，我国第一批唯一的上海自由贸易试验区、

第三批浙江自贸区、湖北自贸区、重庆自贸区、四川自贸区。

（五）长江经济带开放水平不够，增长空间巨大

内陆和沿边对外开放缺乏开展大规模贸易投资活动的产业基础，各省市开放以单兵推进或小区域推进为主，区域之间缺乏有效协作，对外贸易、利用外资和对外投资规模仍然十分有限（见图3）。

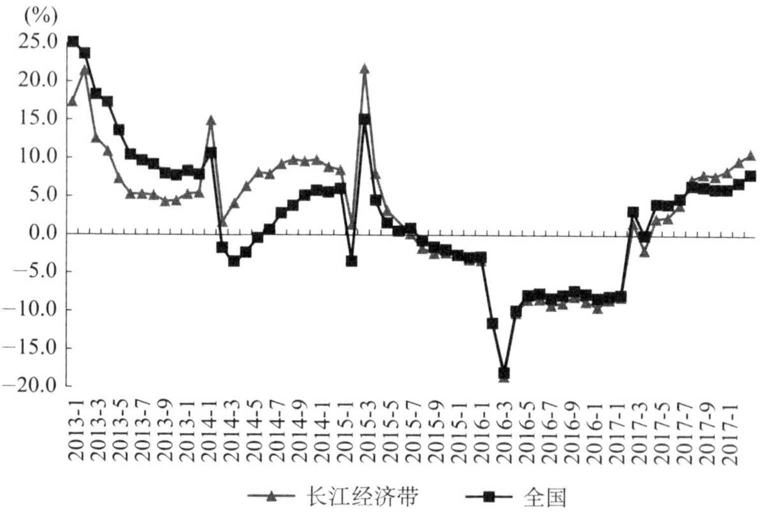

图3　2013—2017年长江经济带和全国出口额累计增速对比

三、在改革开放40年新起点上，抓住机遇推进长江经济带协同打造高水平的改革开放带

（一）深刻认识长江经济带战略初心，更好瞄准长江经济带的战略指向

沿海、沿江先行开发，再向内陆地区梯度推进，这是区域经济发展的重要规律。长江经济带发展战略，从一开始的“依托长江这条横贯东西的黄金水道，带动中上游腹地发展，促进中西部地区有序承接沿海

产业转移，打造中国经济新的支撑带”，到“长江流域要加强合作，充分发挥内河航运作用，发展江海联运，把全流域打造成黄金水道”，再到“共抓大保护，不搞大开发”“生态优先，绿色发展”，历经交通、经济、产业向生态、协调、创新的发展方向转变。我们应深刻认识并更好瞄准长江经济带的战略指向。

（二）打造绿色发展，形成示范标准，重现最美长江

加快推进长江经济带绿色发展，打造一批长江经济带绿色发展示范区。以长江为纽带，通过绿色发展的制度创新、标准创新，率先形成中国高质量的绿色发展带。同时，加快形成一批具有长江经济带特色的可复制、可推广标准，包括绿色岸线标准、绿色港口标准、绿色园区标准等。

（三）推进自然资源资产管理改革突破，迎接发展新机遇

在2018年机构改革中，新组建的自然资源部将统筹山水林田湖草系统治理，以水资源、岸线资源为特色的长江自然资源资产管理改革必将提速，围绕自然资源产权、资产管理、使用机制改革空间巨大。我们认为，自然资源应尽快明确产权，统一行使全民所有自然资源资产所有权，搞活所有权的实现形式和经营权。

（四）建立生态产品价值实现机制，推进沿江政府间区域合作改革迈向实质性共赢新台阶

新组建的生态环境部，将具体明确水环境保护责任界定。同时，生态产品价值实现机制也将改革、建立，从而实现长江经济带上下游、左右岸政府间在水环境水生态保护和生态利益上的实质性合作需求，区域间协同联动机制将迈向新的台阶。

(五) 深化土地等要素市场化改革,释放要素低成本竞争优势,促进产业转移和升级

通过深化要素市场化改革,释放长江经济带要素优势,促进产业转移和产业升级。产业园区低效土地盘活再利用,进一步深化改革政策支持下的跨区域用地指标交易机制,打通岸线与腹地的互补优势。

(六) 抓住中国国际进口博览会新机遇,深化长江经济带开放平台建设

改革开放40年之际,雄安新区规划落地有声,海南自由港新鲜出炉,各地再造改革优势。长江经济带意在打造区域合作共同体,应充分统筹利用好长江经济带的改革资源,释放综合配套改革试验区、自贸区、国家自主创新示范区协同推进的改革效应;以上海建设自由贸易港为契机,进一步提升长三角对外开放水平;借势中国国际进口博览会的国际平台,显著提升以上海为引领的长江经济带开放位势,重掀长江龙头的改革开放热潮,这一做法也具有参与国际贸易规则制定的重大战略意义。

长江经济带国民经济和社会发展规划协同的法律机制

叶必丰

上海社会科学院法学研究所所长、研究员

长江经济带省市因长江而紧密地联结在一起，因国家战略而具有共同任务，因具有地方事权、可裁量性和法律上的“协商条款”而具有法律基础，对国民经济和社会发展规划的编制和实施必须协同。长江经济带省市国民经济和社会发展规划编制和实施的协同，需要尽快建立和完善行为法、组织法机制。

一、长江经济带各省市的协同要件

(一) 事实要件

长江经济带具有空间上的联结点。行政区上的毗连，使得相应地方政府成为无法选择的永久邻居。长江联结了流域内 11 个省市、41 座城市和 2 亿多人口的产业、文化、交通、环境、水安全和基础设施等，并导向丝绸之路和广阔海洋，从而使长江经济带与“一带一路”建设相对接，实现国家政策间的互联互通。

长江经济带具有任务上的联结点。两个或两个以上行政区可能基于政策上的原因或互惠合作而发生发展任务上的联结。任务联结可以与空间联结叠加,也可以独立。但基于空间联结点,将具有更多的任务联结,如共同开发利用水资源、保护环境和合理布局产业等。长江经济带省市因空间联结而发生的共同任务,已为“长江经济带指导意见”、国家十三五“发展规划”和《长江经济带发展规划纲要》等多项法律文件所确认。“发展规划”任务上的联结,要求其编制和实施必须协同。并且,上述法律文件也明确要求长江经济带省市应协同建设,创新协同机制。

(二)法律要件

1. 地方事权

地方事权是地方政府进行自主规划和建设的基础。地方政府对不属于自己的事务,无权管辖,更谈不上自主决策。然而,在政府机关实行层级领导体制,同级政府机关之间并无领导或监督关系。基于此,地方政府间对共同性地方事务,除了中央政府的领导和指导外,只能协同合作。

2. 可裁量性

长江经济带省市对国家十三五“发展规划”的实施,主要表现为各自编制和实施本省市的“发展规划”。基于各省市特殊利益的存在,实施的利益驱动难以避免,裁量偏差必然发生。有台湾学者在研究空间规划法时指出,行政机关有设定规划内容的自由,但应受利益衡量原则的限制,不得“未为权衡或权衡懈怠”“权衡不足”“权衡错估”和“权衡不合比例”。这在理论上也是可适用于发展规划的。“长江经济带指导意见”“国家十三五发展规划”和《长江经济带发展规划》所确定的长江经济带建设,又具有全局性和整体性,是一种国家利益和长江经济带省市的共同利益。长江经济带省市已经是一个利益共同体。因此，长江经济带省市对“发展规划”的编制和实施裁量，必须关照共同利益和有关省市利益，应当协同一致，控制裁量偏差。

3. 法无禁止

对法律上禁止的事项和属于中央政府权限范围的事务，地方政府不得协同实施。例如，相邻地区政府可以在其中某一辖区内共同建设项目，但却不得变相买卖土地。地方政府从相邻地区买卖土地，不仅为《土地管理法》所禁止，并且涉及行政区域的变更。县级以上行政区域的变更，根据宪法第 89 条第 15 项和《国务院关于行政区划管理的规定》的规定，属于国务院的法定职权。长江经济带省市在协同实施中，可以响应国家的号召，建设“飞地经济”，但不能变更行政区划。地方政府的区域协同，更不能涉及政治性事务，不能进行任何政治性质的结盟。

二、 长江经济带省市协同的行为法机制

(一) 征求和听取意见

在地方“发展规划”的实施中，如果需要调整或变更该“发展规划”的，则应遵循规划的编制程序，应征求和听取意见并协调一致。对不涉及规划调整或变更的实施，一般是按照法律、法规和规章所实施的行政行为。对此，是否需要征求和听取本辖区外有关地方主管机关的意见，也应遵循法律、法规和规章的规定。法律、法规和规章要求征求和听取本辖区外有关地方行政机关意见的，应当遵循这一程序规定。法律、法规和规章未规定征求和听取意见程序的，并不意味着禁止，而由地方行政机关裁量。本着区域协同精神，规划的实施机关应尽可能征求和听取本辖区外有关地方行政机关的意见，并协调一致，以避免纠

纷。除法律、法规和规章明文规定应当与本辖区外有关地方行政机关的意见协调一致外，虽然并不以协调一致为必要法定条件，但还是要提倡协调一致。

（二）联席会议

我国法律尚未建立起统一的联席会议制度，但鼓励建立联席会议制度。在没有直接法律依据的情况下，法律、法规和规章中的“协商条款”可以作为联席会议的法律依据。因此，长江经济带省市“发展规划”的编制和实施主体可以建立联席会议机制，协调相关意见，安排统一行动，对接规划内容和实施措施。

（三）列席人代会

长江经济带省市人民代表大会及其常务委员会都建立了相应的会议列席制度。例如，《上海市人民代表大会议事规则》第 7 条规定：“在市人民代表大会会议举行前，市人民代表大会常务委员会负责做好下列准备工作：……（五）决定列席会议人员名单；……”第 20 条第 1 款规定：“……其他有关机关、团体的负责人，经市人民代表大会常务委员会决定，可以列席市人民代表大会会议。”第 3 款规定：“列席会议的人员有发言权，没有表决权。”第 29 条规定：“市人民代表大会各专门委员会审议议案，涉及专门性问题的，可以邀请有关方面的代表和专家列席会议，发表意见。”第 39 条第 2 款规定：“财政经济委员会和有关的专门委员会对国民经济和社会发展计划、预算进行初步审查的时候，可以邀请有关方面的代表和专家列席会议，发表意见。”《上海市人民代表大会常务委员会议事规则》第 8、9、32、35 条也规定了类似的列席制度。

本着协同合作理念，为加强“发展规划”审批、实施的协同，长江经济带省市发改委应该通过合作协议约定，相互向本省市推荐人大及其常委会会议列席人员，通过本级政府报人大常委会决定；长江经济带省市人大常委会应创新人大会议和常委会会议列席制度，相互开放会议列席人员。

（四）法律合同

长江经济带省市为编制和实施“发展规划”的征求和听取意见、联席会议、列席人大会议以及评估，都不是单方面开放的机制，而应该是一种相互开放的协同机制，因而需要通过协议或者合同来建立。法律合同机制不仅适用于上述机制的建立，而且还适用于依法实施“发展规划”的诸多领域。例如，包括三峡工程在内的大型水利水电工程及其移民项目，都曾在“发展规划”中得以体现，从而为土地等征收补偿确立合法性要件。这种区域协同合同在跨区域移民安置领域已有明确的法律依据。当然，区域协同合同不是民事合同而是行政合同，旨在共同实现长江经济带建设的任务。区域协同的任务多种多样。为了更好地认识区域合作协议，有的把它们分为区域边界协议、区域发展协议、区域规制协议和区域再分配协议四类。区域合作协议或合同作为法律合同，应当满足法律上的要求，坚持平等自愿原则，约定各方的权利义务，而不应该只是一种意向或宣言。基于诚实信用原则，它对缔约各方政府机关都有法律约束力。

（五）协同基金

各省市的“发展规划”都有相应的财政预算。长江经济带省市的协同，也需要有财政经费做保障。尤其是在协同合作中，有的省市更多地承担着责任，甚至需要以牺牲发展机会为代价，而有的省市则更多地分享了利益。基于权利义务的一致性，受益方必须提供相应的补偿。

为了避免每事分摊的繁琐，积极推进协同，有必要建立协同合作基金。

协同事务主要是地方事务，因而相应的财政支付责任也应由地方政府承担。基金的额度、各省市的承担比例和使用等，各省市应通过协商一致建立制度。但同时，中央政府对区域协同也有一定的共同事权，基于事权与支付责任的一致性，并且为了鼓励地方政府的区域协同，也应该承担部分支付责任。

（六）第三方评估

对现行评估制度进行改革，构建第三方评估机制，组建或委托民间组织对长江经济带“发展规划”的协同进行独立评估。自1999年起，国务院开展了清理整顿各类经济评估鉴定中介机构。在前期取消和改革各类行政审批和评估的基础上，2013年又取消了76项评估。上述改革是为了给企业和个人松绑，是取消对企业和个人的各类评估。我们在此所提倡的是对“发展规划”协同实施的评估，是对政府绩效的评估。对这类评估需要由第三方独立、客观实施。国务院对此做出了表率，就曾委托中国科协对国务院重大政策措施落实情况开展第三方评估。因此，长江经济带省市对“发展规划”协同实施的评估，应在第三方评估的机制上做出探索，为其他区域协同评估提供可复制的经验。

三、长江经济带省市协同的组织法机制

（一）长江流域现有管理机构

1. 长江水利委员会

委员会设有内设机构16个（见表1），单列机构1个，即长江流域水资源保护局（见表2），以及事业单位14个（见表3）。同时，长江水利委员会还有4家企业，即长江水利水电开发总公司、长江勘测规划设计

研究院、汉江水利水电（集团）有限责任公司（丹江口水利枢纽管理局）和南水北调中线水源有限责任公司。根据公开资料显示，长江水利委员会有职工近3万人。

表1　长江水利委员会内设机构

序号	名称	级别	序号	名称	级别
1	办公室	副局	9	建设与管理局	副局
2	总工程师办公室	副局	10	河道采砂管理局	副局
3	规划计划局	副局	11	水土保持局（农村水利局）	副局
4	水资源保护局	副局	12	防汛抗旱办公室（三峡水库管理局）	副局
5	水政与安全监督局	副局	13	审计局	副局
6	财务局	副局	14	离退休职工管理局	副局
7	人事劳动局	副局	15	直属机关党委	处
8	国际合作与科技局	副局	16	长江工会	处

表2　长江流域水资源保护局

内设机构	派出机构	事业单位
办公室	长江流域水资源保护局上海局	长江水资源保护科学研究所
人事处（党群工作处）		
规划计划财务处		
保护协调处	长江流域水资源保护局丹江口局	长江水资源保护科学研究所
监督管理处		
科技信息处		

表3　长江水利委员会事业单位

序号	名　　称	级别	人员
1	长江水利委员会水文局	正局	1 303
2	长江水利委员会长江科学院	正局	900
3	水利部中国科学院水工程生态研究所	正局	150

（续表）

序号	名　　称	级别	人员
4	长江水利委员会陆水试验枢纽管理局	正局	1 300
5	水利部长江勘测技术研究所	副局	
6	长江水利委员会长江工程建设局	副局	
7	长江水利委员会综合管理中心	副局	
8	长江水利委员会网络与信息中心（长江档案馆）	副局	54
9	长江水利委员会宣传出版中心	副局	
10	长江水利委员会人才资源开发中心	副局	
11	长江水利委员会机关服务中心（局）	副局	
12	长江水利委员会长江医院（血吸虫病防治监测中心）	副局	450
13	长江水利委员会长江流域水土保持监测中心站	正处	90
14	长江水利委员会驻北京联络处	正处	

2. 长江航务管理机构

该机构共设有 7 个部门（见表 4），19 420 人，其中干部 10 242 人，专业技术人员 5 991 人。

表 4　长江航务机构

序号	名称	性质	级别	机构数	人员
1	长江航务管理局	行政	正局	11 个处（室）和党群工作机构	120
2	长江航运公安局	行政	副局	15 个处室、16 个分局、78 个派出所、1 个培训中心	
3	长江海事局	行政	正局	13 个处室、10 个分支海事局、58 个海事处、126 个巡航救助执法大队、10 个引航站、13 个通信信息中心	7 000
4	长江三峡通航管理局	事业	正局	18 个	908
5	长江航道局	事业	正局	7 个处室、6 个区域航道局，下辖 80 个航道管理处；4 个航道工程局及 4 个支持保障单位	8 000

（续表）

序号	名称	性质	级别	机构数	人员
6	长江航运总医院	事业	正处	14 个科室	800
7	中国水运报刊社	事业	正处		

(二) 组织机构建设与行为机制设计是一种反比例关系

良好的组织结构,可以简化行为机制。不合理的组织结构,将导致错综复杂的行为机制,如行政机关相互间的审批、备案、征求意见和会审等,以及对公民或企业的多头审批。同时,当前党中央和国务院对长江经济带的领导主要是通过指导意见和“发展规划”来实现的,是一种软化、柔性领导,而不是一种强制、刚性领导。为了适应国家治理体系和治理能力的现代化,推动长江经济带更好更快发展,有必要改善组织结构,必须改革长江水航管理机构,组建专门的长江经济带领导机关,实施统一的领导,负责专门的协调,监督实施的推进。为此建议:

1. 长江水航事业单位应逐步转制为企业

根据中共中央、国务院《关于分类推进事业单位改革的指导意见》和《国务院办公厅关于印发分类推进事业单位改革配套文件的通知》,长江水利委员会陆水试验枢纽管理局、长江水利委员会长江工程建设局、长江水利委员会宣传出版中心、长江水利委员会人才资源开发中心、长江三峡通航管理局和中国水运报刊社等事业单位,都应当转制为企业,实现政企分开、事企分开。

2. 国务院主管部门应收回长江水航事权

长江水利委员会本来就是水利部所属的一个机构,但却设了一个驻京办事处,实属滥设机构,应予撤销。水利部、交通部和公安部给予长江水航机构的权力,确属中央事权的,应当收回。

3. 长江水航治理的具体事权应下放地方

根据《国务院关于推进中央与地方财政事权和支出责任划分改革的指导意见》,中央将逐步扩大地方事权,“更多、更好发挥地方政府尤其是县级政府组织能力强、贴近基层、获取信息便利的优势,将所需信息量大、信息复杂且获取困难的基本公共服务优先作为地方的财政事权,提高行政效率,降低行政成本”。文件明确,除“国界河湖治理”外,河湖治理并非中央专属事权。当然,长江流经这么多省市,也不应全部下放给地方治理,应当将长江的治理确定为中央和地方共同治理的事务。中央保留长江水航治理的领导权和海事监管权,其他水资源的利用和保护,航务、河道和公安的具体事权,三峡通航管理,以及医院和学校,则都可以下放给长江经济带省市。

4. 组建长江经济带发展合作委员会

长江水航机构大多可以撤销。根据长江经济带发展的需要,应新组建长江经济带发展合作委员会,作为国务院的直属机构和中央政府的大区级派出机关,可以吸收11省市行政首长为委员会成员,行使下列事权:

代表国务院对长江经济带建设实施领导,发布方针政策,制定统一适用于11省市的规章;编制、变更、实施《长江经济带发展规划纲要》,组织、监督11省市的实施;推动11省市“发展规划”中涉及长江经济带事宜的协同;组织、推动、参与、监督11省市,包括航务、河道、海事、公安、产业和交通等各方面事宜的合作和协同;管理确需保留的长江水航事业和企业单位;调解和裁定11省市行政机关间的跨界治理纠纷或合作纠纷。

发展长江经济带多式联运的几点思考

马晓燕

重庆社会科学院产经所副所长、研究员

多式联运是衡量一个国家地区运输组织与方式的重要指标，发展多式联运从交通运输的本源来看，它对提升长江经济带立体交通走廊的效率以及提升物流综合成本具有重要的意义。往外延伸来看，它对实现东西双向开放也是一条重要的路径。

一、长江经济带多式联运的发展现状

(一) 以水运为核心的多式联运良性发展

以水运为核心的多式联运符合生态优先、绿色发展的政策导向，符合建设美丽中国的发展方向。《长江经济带发展规划纲要》《"十三五"长江经济带港口多式联运建设实施方案》等多个政策文件都支持以水运为核心的多式联运。除了政策支持，在项目上的支持，到现在已经先后发布了两批多式联运的示范工程项目，最主要包括了长江干线南京、马鞍山、黄石、武汉、岳阳、重庆等一批港口多式联运的项目。

(二) 铁水联运发展势头良好

铁水联运已经成为港口发展新的增长点,在促进物流业降本增效中发挥出了积极作用,在促进物流业的降本增效中发挥了比较积极的作用。相关的统计数据显示,铁水联运比例每提高 1%,区域整体交通运输效率可提高 10%。据统计,2017 年以来,长江航域的铁水联运总体达到了 25%以上,其中武汉的阳逻港是发展速度最快的,同时泸州港开通了首列外贸的铁水联运。重庆果园港在 2017 年年底实现港口与铁路的接头改造,实现了港口与铁路的无缝连接,对提升长江黄金水道的功能具有非常大的作用。目前,已经形成了大宗和散货、集装箱、商品车滚装、石油及制品等专业化江海联运运输体系。

(三) 江海联运取得新突破

江海联运是提升“黄金水道”功能的有效手段,江海联运发展基础条件不断改善,逐步形成了大宗散货、集装箱、商品车滚装、石油及制品等专业化江海联运运输体系。舟山成立江海联运服务中心、首艘 2 万吨级江海直达船在舟山接水实现了江海联运新的发展。

二、 长江经济带多式联运存在的主要问题

长江经济带多式联运虽然已经发展了将近 40 年的时间,但由于市场经济的发展水平和各方面因素导致总体的发展比较缓慢。

(一) 铁水联运发展相对缓慢

虽然铁水联运发展势头比较良好,进入了快速发展的时期,但实际上长江经济带的铁水联运还是比较滞后,这与我国铁水联运发展总体起步比较晚有关。从统计的数据来看,全国有 7 个主要的铁水联运

港口，长江经济带发展得比较好的仅有一个宁波港。此外，长江干线港口与铁路的直接衔接的码头泊位有70个，通过铁路转运的大概1.5亿吨，这个数字只占到港口运输的7%，和欧美发达国家相比差得比较远。

（二）重要枢纽和节点不能很好地满足多式联运发展的要求

1. 港口总体服务水平不高，主要表现为沿线港口的一些企业规模比较偏小，市场知名度也比较低。在业务方式上还比较单一，没有对多式联运的服务体系很好地发挥自身作用。

2. 港口集疏运体系不够完善，目前，长江经济带的港口运输方式还是以公路为主，港口与铁路的衔接还不够充分，难以满足水路运输大批次的需求。

（三）通关一体化水平还需进一步提高

目前，长江经济带的海关虽然已经实现了通关一体化，但其他涉及检验检疫、海事、边检、港航等有关部门的对接协调难度在目前来说仍然较大，大通关门户服务环境尚未真正形成，在一定程度上也影响了多式联运的经济性和便捷性。

三、优化长江经济带多式联运的对策建议

（一）更新发展理念

长江经济带多式联运的本质是在依托供应链物流服务系统在长江经济带建设中发挥引领和保障作用。构建具有价值增值的长江经济带供应链物流服务系统，打通运输与物流服务的全产业链，构建综合服务、资源整合与运输方式有效衔接的产业发展平台。构筑多式联

运物流服务供应链体系，通过与产品供应链融合，实现商流、物流、信息流、资金流“四流合一”。

（二）突出发展重点

重点主要是指现在的航运物流中心，必须完善航运中心、航运物流中心多式联运功能，打造集聚经济带要素资源为特色的枢纽经济发展平台。突出港口“发展、融合和提升”三大主题。

（三）加强公共服务能力建设

多式联运当中必须大力发展公共服务能力建设。主要是要充分利用大数据对互联网＋长江航运的发展，进行刺激和鼓励。另外，需要进一步完善长江航运物流信息化建设。

（四）完善多式联运协调机制

主要着眼于加强多式联运信息化、标准化建设，建立多式联运运作、管理各方的合作机制。在国家层面，自上而下地对多式联运的标准化建设、设施设备的相关标准化建设以及多式联运单证的标准化建设做出努力；在跨省协作层面，探索建立跨省区域协调机制或相邻省份的协调机制，不断深化跨区域的部门协同与合作；在省级层面，协调处理好各交通部门间的运行机制，最终实现多式联运的资源、信息、成果的共享共用。

破除地方割裂，提供高质量长江经济带开放型经济公共产品

沈玉良

上海社会科学院世界经济研究所研究员

一、 长江经济带开放型经济的发展阶段及对中国的贡献

改革开放 40 年以来，长江经济带经历了巨大的发展，在全国的重要性不断攀升。20 世纪 90 年代以后，长江经济带的发展更是突飞猛进（见图 1、图 2），特别是长江下游地区成为中国外向型经济发展的支柱（见表 1）。

表 1　各阶段上、中、下游省市占长江经济带总量份额的变化

指标	年份	上、中、下游占长江经济带总量的比重(%)		
		长江上游	长江中游	长江下游
进出口总金额	1998	6.27	6.80	86.93
	2002	4.44	4.12	91.44
	2006	3.42	3.55	93.03
	2010	4.99	5.03	89.98
	2014	11.73	6.64	81.64

（续表）

指标	年份	上、中、下游占长江经济带总量的比重（%）		
		长江上游	长江中游	长江下游
外资进出口总金额	1998	2.15	3.30	94.55
	2002	1.25	2.21	96.54
	2006	1.22	1.95	96.83
	2010	2.47	3.52	94.01
	2014	8.86	3.90	87.24
出口金额占比	1998	6.25	7.84	85.92
	2002	5.02	4.38	90.60
	2006	3.50	3.67	92.82
	2010	5.01	5.00	89.99
	2014	12.73	7.33	79.94
外资出口金额	1998	1.39	2.29	96.32
	2002	1.10	2.00	96.90
	2006	0.85	1.62	97.54
	2010	1.64	3.01	95.35
	2014	10.86	3.74	85.40
进口金额	1998	6.29	5.29	88.42
	2002	3.74	3.82	92.45
	2006	3.30	3.39	93.32
	2010	4.96	5.07	89.97
	2014	10.16	5.55	84.29
外资进口金额	1998	2.81	4.19	92.99
	2002	1.38	2.41	96.21
	2006	1.65	2.32	96.03
	2010	3.44	4.10	92.46
	2014	6.47	4.09	89.44
外商投资总额	2002	7.30	9.36	83.34
	2006	5.25	8.96	85.78
	2010	8.62	9.23	82.15
	2014	9.84	9.84	80.32

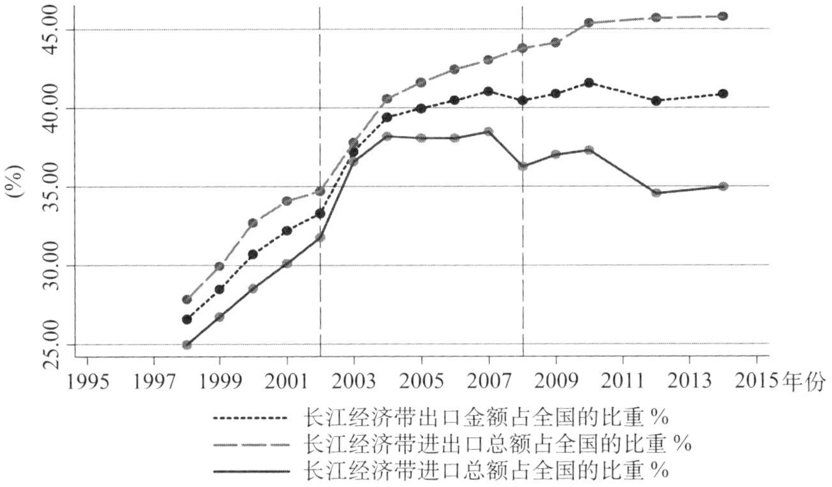

图 1　1995—2015 年长江经济带进出口总额占全国的比重

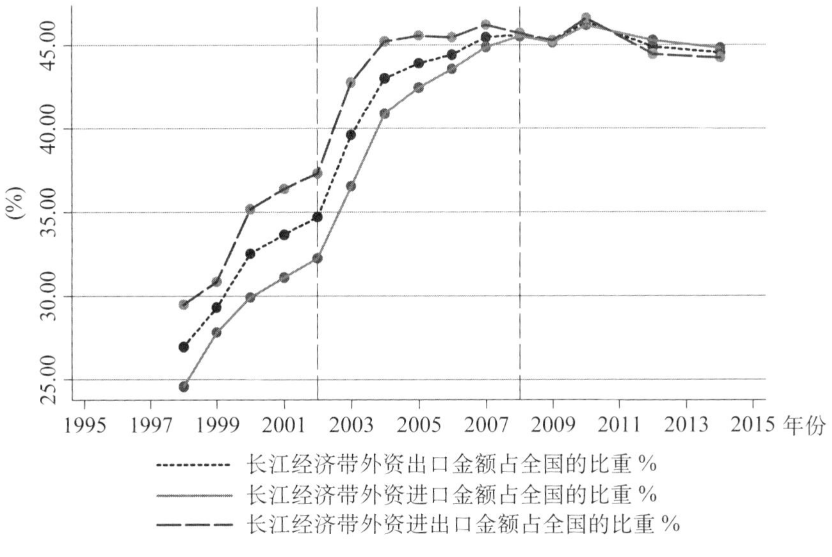

图 2　1995—2015 年长江经济带外资进出口占全国的比重

长江经济带开放性经济对经济增长具有显著促进作用(见图 3)，其中沿线省市外资和外贸对我国经济增长的贡献程度显著高于其他地区(见图 4、图 5)。细分领域来看，长江经济带出口对经济增长的促进效应，因出口产品类别和出口地差异而有所不同。从产品技术分类来看，长江

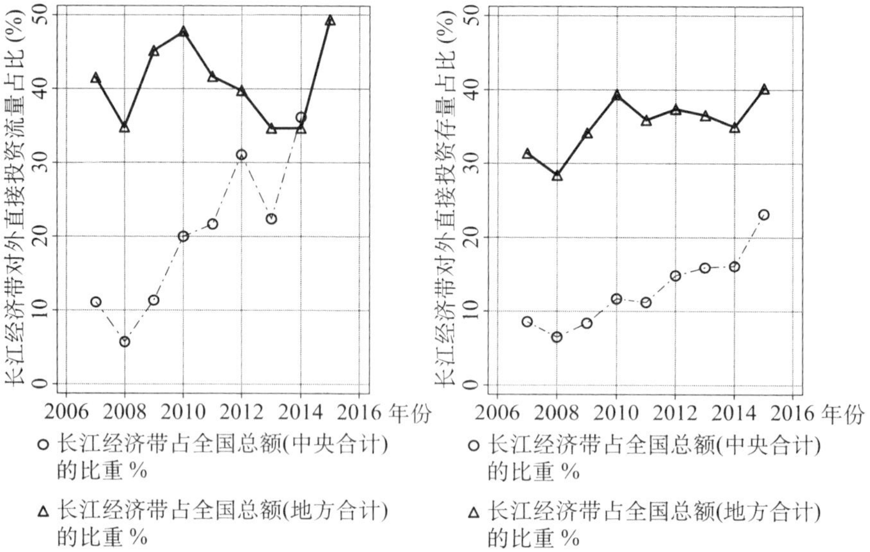

图 3　2006—2016 年长江经济带对外直接投资流量和存量占比

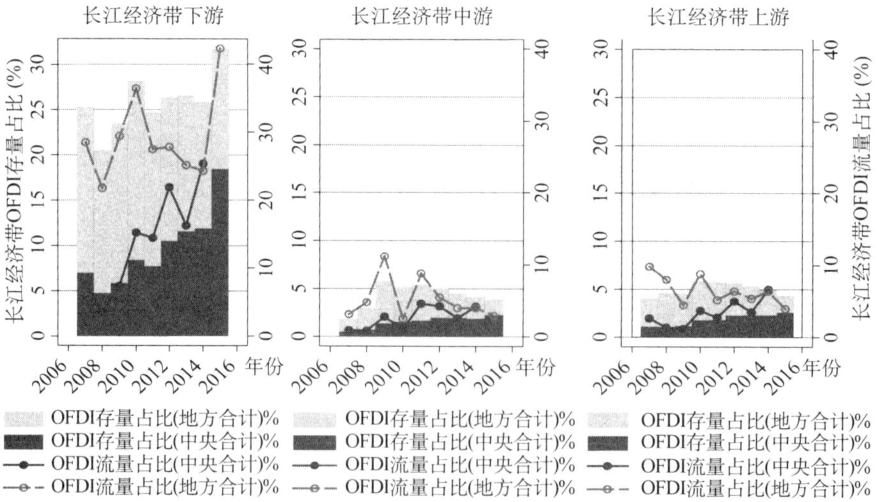

图 4　2006—2016 年长江经济带上、中、下游对外直接投资占比

经济带以高技术产品出口促进经济增长为主要途径；从产品用途分类来看，长江经济带以资本品出口带动经济增长为主要途径；从区位来看，长江经济带下游地区对经济增长的促进作用主要通过高技术产品

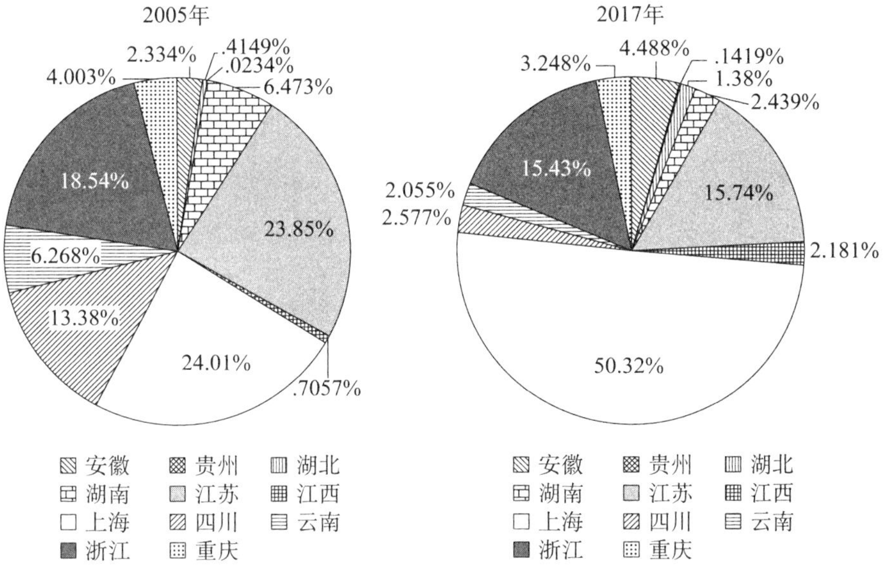

图 5　2005 年和 2017 年长江经济带各省市 OFDI 流量占比

和资本品出口来实现，而中上游地区则通过出口中间品来推动经济增长。

二、 长江经济带开放型经济中的问题

（一）全球价值链的引领作用不明显，区域间尚未形成协同机制

从国家和城市两个尺度的 PCT 专利授权数就能看出，长江经济带与国际领先发达国家和地区还有很大的差距（见表 2 和表 3）。

表 2　2017 年全球创新指数国家/地区排名

排名	国别	城市数量	所在比重	PCT 数量	所占比重
1	美国	31	31%	157 886	28.2%
2	日本	8	8%	139 804	25.0%
3	中国	7	7%	67 911	12.1%

（续表）

排名	国别	城市数量	所在比重	PCT 数量	所占比重
4	德国	12	12%	52 254	9.3%
5	韩国	4	4%	42 249	7.5%
6	法国	5	5%	19 480	3.5%
7	荷兰	3	3%	10 520	1.9%
8	英国	3	3%	9 666	1.7%
9	瑞典	3	3%	8 409	1.5%
10	瑞士	3	3%	7 999	1.4%
11	加拿大	4	4%	7 158	1.3%
12	以色列	2	2%	6 957	1.2%
13	印度	3	3%	4 497	0.8%
14	澳大利亚	2	2%	4 179	0.7%
15	西班牙	2	2%	3 799	0.7%
16	芬兰	1	1%	3 045	0.5%
17	新加坡	1	1%	2 996	0.5%
18	丹麦	1	1%	2 613	0.5%
19	比利时	1	1%	1 994	0.4%
20	俄罗斯	1	1%	1 915	0.3%
21	意大利	1	1%	1 909	0.3%
22	奥地利	1	1%	1 403	0.3%
23	马来西亚	1	1%	1 049	0.2%

表 3　2017 年全球创新城市 100 强

排名	城　　市	国家	PCT 申请数
1	东京-横滨	日本	94 079
2	深圳-香港	中国	41 218
3	圣何塞-加利福尼亚州旧金山	美国	34 324
4	首尔	韩国	34 187

（续表）

排名	城市	国家	PCT申请数
5	大阪-神户-京都	日本	23 512
6	圣地亚哥	美国	16 908
7	北京	中国	15 185
8	波士顿-剑桥，马萨诸塞州	美国	13 819
9	名古屋	日本	13 515
10	巴黎	法国	13 461
11	纽约	美国	12 215
12	法兰克福-曼海姆	德国	11 813
13	休斯敦，得克萨斯州	美国	9 825
14	斯图加特	德国	9 528
15	华盛顿州西雅图市	美国	8 396
16	科隆-杜塞尔多夫	德国	7 957
17	芝加哥，伊利诺伊州	美国	7 789
18	埃因霍温	荷兰/比利时	7 222
19	上海	中国	6 639
20	慕尼黑	德国	6 578
21	伦敦	英国	6 548
22	特拉维夫	以色列	5 659
23	大田	韩国	5 507
24	斯德哥尔摩	瑞典	5 211
25	洛杉矶，加利福尼亚州	美国	5 027
26	明尼阿波利斯	美国	4 422
27	俄勒冈州波特兰市	美国	4 146
28	纽伦堡-埃尔兰根	德国	4 049
29	尔湾，加利福尼亚	美国	3 965
30	柏林	德国	3 632
85	杭州	中国	1 213
100	苏州	中国	956

(二) 长江经济带开放型经济存在制度壁垒

内陆港与海港、铁路与内陆港、公路与铁路的货物均缺乏有效的联动机制,多式联运缺乏制度基础。在舟山调研了江海联运机制,我们发现内陆港和海港之间没有联系起来,铁水也还没有真正的连起来,整个开放型经济造成的制度成本依旧很高。

(三) 长江经济带地区之间国际和国内市场的割裂

海关特殊监管区与非海关特殊监管区之间、海关特殊监管区之间、沿长江经济带物流主体之间(港务集团)存在割裂。长江经济带物流主体之间存在利益矛盾,每个省每一个地方都有一个港务集团。长江经济带国际市场与国内市场是割裂的,因此当务之急就是要提供高质量的长江经济带开放型经济的公共产品。

三、 提供高质量长江经济带开放型经济公共产品

(一) 通过国家国际贸易单一窗口建设

提供口岸贸易的数据支撑服务,提供大量的公共产品或者俱乐部产品。

(二) 港口资源整合

就像汉堡港将多个城市的港口资源都整合起来,长江经济带若每一个省都有一个港务集团,就会产生利益纠葛。因此,成立国家控股的港务集团是相当重要的,这可以改变各个地方港务公司规模不一、功能不明的混乱格局。此外,建立市场导向的长江经济带国际物流体系,形成多式联运系统也十分必要。

（三）建立同时为国际和国内两个市场服务的海关特殊监管区

从货物、物流到加工的各个流程都要建立货物状态分类管理制度。同时，还要建立企业导向的分区制度，灵活设立海关特殊监管区分区。

相关媒体报道

聚焦改革开放四十周年与长江经济带发展

2018年4月18日，由光明日报社、上海社会科学院、南通大学联合主办的第四届长江经济带发展论坛在沪举行。论坛聚焦“改革开放四十周年与长江经济带发展”主题，来自国家高端智库、高等院校、地方社科院的专家学者汇聚一堂，探讨长江经济带绿色发展、协同发展的实践与前景，为推动新时代长江经济带建设贡献智慧。

中共上海市委宣传部副部长燕爽在致辞中指出，长江经济带战略的实施，有利于保护长江生态环境，有利于挖掘中上游广阔土地所蕴含的巨大内需潜力，也有利于优化城镇化布局，形成上中下游优势互补、协同发展的格局，培育国际经济合作竞争的新优势。

光明日报社总编辑张政在致辞中强调，在改革开放的宏大背景下解析长江经济带发展，具有重大而深远的意义。作为联动我国区域发展总体战略的重要抓手，经过近年来的大力推进和切实建设，长江经济带发展取得了长足进步，发展成效显著。踏上新征程，推进长江经济带建设，应坚持“大保护”这一总体方向，把修复长江生态环境摆在压倒性位置，坚决刹住无序开发势头，在环境友好的前提下实现可持续发展。

中共上海市委宣传部副部长燕爽

张政表示，当前，中国经济正在由高速增长阶段转向高质量发展阶段。长江经济带坚持生态优先、绿色发展，正是实现高质量发展的题中应有之义，为我国经济社会迈上新的发展高度写下了鲜明注脚。要紧扣我国社会主要矛盾的变化，更好地顺应自然、经济和社会规律，按

光明日报社总编辑张政

照高质量发展的要求，打好污染防治攻坚战，使绿水青山产生巨大的生态效益、经济效益、社会效益，使长江经济带永葆生机活力。

上海社会科学院院长张道根在致辞中围绕长江经济带研究应关注和把握的问题提出建议：第一，要牢牢把握中国特色社会主义进入新时代这个新的历史方位，把握好我国社会主要矛盾的变化，把握好当前国际、国内形势深刻变革，找准长江经济带发展的历史方位和坐标参照。第二，改革开放始终是长江经济带发展的动力，要牢牢把握全面深化改革，建立现代化经济体系的要求，以此推动长江经济带发展。第三，要把握好中央对长江经济带发展的明确要求，“共抓大保护，不搞大开发”，以“生态优先，绿色发展”为引领，在长江经济带的生态环境治理、沿岸港口保护、三个大城市群错位发展上取得新进展。

上海社会科学院院长张道根

南通大学党委书记浦玉忠介绍，近年来围绕区域内重大战略、围绕江苏高质量发展、围绕南通市转型升级、围绕高水平大学建设，南通大学不断强化人才队伍和学科平台建设，着力提高人才培养质量、科研创新能力和服务地方水平，高标准打造高校新型智库，加快融入地方建设的主战场，为长江经济带建设贡献力量。

南通大学党委书记浦玉忠

在专题研讨环节，长江产经研究院首席专家、南京大学原党委书记洪银兴，江苏长江经济带研究院院长、南通大学原党委书记成长春，重庆社会科学院党组书记、院长陈全，湖北省社会科学院副院长秦尊文，江西省社会科学院副院长孔凡斌等专家学者围绕“发展与机遇”“区域大合作”“共抓大保护”等议题展开讨论。

长江经济带发展论坛由南通大学于 2015 年创办，光明日报社、上海社会科学院 2016 年起加入联合主办。论坛每年举办一届，旨在为从事长江经济带研究的专家学者、政府官员及各界人士搭建专业的学术研讨平台。为提升长江经济带发展论坛影响力，探索长效化建设机制，开幕式上，上海社会科学院副院长王振宣读《长江经济带发展论坛章程》，介绍长江经济带发展论坛的宗旨意义、组织方式、运行机制等。会上还发布了“长江经济带重大战略研究丛书”。

（来源：《光明日报》）

第四届长江经济带发展论坛在沪举行

央广网上海4月18日消息(记者周洪)4月18日,第四届长江经济带发展论坛在上海社会科学院举行。本次论坛由上海社会科学院、光明日报社、南通大学联合主办,湖北省社会科学院、重庆社会科学院、四川省社会科学院协办。论坛以"改革开放四十周年与长江经济带发展"为主题,围绕长江经济带的发展与机遇、区域大合作和共抓大保护3个热点议题展开深入研讨。洪银兴、成长春、秦尊文、曾刚、王振、陈全、孔凡斌等14位长期从事长江经济带经济发展、生态保护和区域合作的专家学者发表了最新研究成果和观点。来自全国各地的200多名专家学者、企业人士、政府干部、媒体记者出席论坛。

长江经济带以全国1/5的土地面积和2/5的常住人口,创造了近一半的国内生产总值;区域内长三角城市群、长江中游城市群、成渝城市群三大国家级城市群沿江分布,并拥有124个地级市,占全国总量的2/5。

改革开放40年,长江经济带发生了翻天覆地的变化。在国家经济地理版图上,在上海及长三角城市群的引领下,长江经济带的经济发展、对外开放和社会建设，都走在了国家改革开放的前列。这些年特别值得关注的是，长江上中游的各个省市，无论是基础设施建设，还是对外开放、经济增长，都交出了非常亮丽的成绩表，地区差距大大缩小，为下一步的共建共荣，建设高质量经济体系和率先现代化打下了很好的基础。

与会专家认为，在建设社会主义现代化国家的新时代，长江经济带既肩负着率先建设、率先实现的重任，也肩负着消除地区间不平衡性的重任。强化协同机制建设，促进区域协调发展，是更好实施长江经济带战略的基础和关键。党的十九大报告提出，“以共抓大保护、不搞大开发为导向推动长江经济带发展”，为长江经济带发展明确了方向，指明了路径。长江经济带要在构建共抓生态大保护的体制机制上探索实践，在走出协同创新、绿色发展的有效路径上探索实践。

光明日报社总编辑张政、中共上海市委宣传部副部长燕爽、上海社会科学院院长张道根、南通大学党委书记浦玉忠等在论坛开幕式上致辞。论坛通过了长江经济带发展论坛章程，组建了首届学术委员会，这标志着运转4年的长江经济带发展论坛正式建立长效运行机制。论坛还发布了由上海人民出版社出版的8卷本“长江经济带重大战略研究丛书”。

（来源：央广网）

专家建言高质量推进长江经济带建设提升含金量

以“共抓大保护，区域大合作”为主题的第四届长江经济带发展论坛，2018年4月18日在上海举办。专家们呼吁，发展长江经济带要走科学、绿色、可持续的高质量发展之路，沿线省市亟待打破地理界限和行政壁垒，强化全流域协同，共织生态优美、交通顺畅、经济协调、市场有序、机制科学的黄金经济带，共同提升“黄金腰带”的含金量。

万里长江浩浩荡荡，奔流千年。沿线9省2市以全国1/5的土地面积，集聚了2/5的常住人口，创造了超过四成的国内生产总值，是一条名副其实的“金腰带”。

“长江经济带发展战略实施后，长江经济带占全国经济的比重由41.2%升至43.8%，提升2.6%。”国家发改委宏观经济研究院战略规划室主任孙长学说，国家战略的导向作用正在显现。

“我们希望长江经济带在全国的经济占比能达到五成。”华东师范大学城市发展研究院院长曾刚认为，长江经济带作为世界上人口最多、产业规模最大、城市体系最完整的巨型流域经济带，是我国新时期三大发展战略之一，对促进东中西部合作、上中下游协同意义重大，是中国从大国向强国转变的重要支撑。

“长江经济带具有巨大的整合空间。”长江产经研究院首席专家洪银兴认为，长江经济带拥有110个地级以上城市，分布着长三角城市群、长江中游城市群、成渝城市等三大国家级城市群，如果能形成横向错位发展、纵向分工协作的良好局面，将激活巨大的经济潜能，实现全流域协同“畅流”。

“协同打造高水平改革开放带，是引领长江经济带迈向高质量发展的最大机遇。”孙长学说，长江经济带是我国改革开放的先导区和探路者，拥有13个国家级改革试验区，80多个国家级金融区、开发区，27个国家级高新区。他透露，国家有关部门正研究土地等生产要素市场化改革、生态产品价值实现机制等一系列改革举措，必将为长江经济带绿色发展、产能转移注入强大动力。

“江苏在上一轮沿江发展中抢得了先机，推动了南沿江和北沿江地区的融合发展。”江苏长江经济带研究院院长成长春认为，以“生态优先，绿色发展”为核心理念的长江经济带发展战略，对处于长江下游，正积极推动产业升级、环境改善的江苏来说是又一重大发展机遇。与此同时，作为沿江11省市中最大的经济大省和科技大省，江苏也应在长江经济带协同发展上主动作为“争上游”，在融合发展、产业转移、科技创新、扩大开放等方面输出动能、作出示范。

长三角一体化发展也为江苏打开了新的发展空间。“长江经济带发展需要强大的引擎带动，这个引擎就是长三角核心区。”洪银兴认为，增强长三角核心区的经济能量，需要在长三角内部形成增长极，因此推动以正在建设全球卓越城市的上海为中心的核心区毗邻城市同城化势在必行，江苏的苏、锡、常、通都应纳入上海同城化范围。

行政分割成为阻碍长江经济带高质量流动的大坝。“长江经济带碎片化、块状化状况还没有化解。”湖北省社科院副院长秦尊文认为，沿线 11 个省市缺乏统一规划，各有各的打算，很多地区的产业结构趋同，低水平重复建设明显。环境保护上更是缺少协同，上游承担环保责任，受益的却是下游，难以调动上游的积极性。

华东师范大学研究团队发布的长江经济带城市协同发展能力指数显示，长江经济带 110 座城市协同发展能力整体偏低。全流域合力建设世界级产业集群，可以成为提升城市协同能力的重要抓手。“长江经济带将打造电子信息、高端装备、汽车等世界级产业集群，迫切需要建立与之匹配的科创体系。”上海社科院副院长王振呼吁，构建分层协同的科技创新支撑体系，在行业领军的总部集聚区配置世界级创新资源，在核心配套集聚区配置支撑国际竞争力的创新资源，在产业转移承接区配置保障产业升级的创新资源。

成长春认为，协调性均衡应成为推动长江经济带高质量发展的核心主题，如在推动绿色发展上制定统筹整个经济带的综合性法律框架，在科技创新上构建全流域协同创新机制，让各类资源要素沿着黄金水道充分涌流，将长江经济带建设成为支撑中华民族百年复兴梦想的黄金经济带。

（来源：华夏经纬网）

长江经济带协同推进创新驱动产业转型升级的三大战略要务

——第四届长江经济带发展论坛主旨发言

编者注： 长江经济带发展，事关国家发展全局，是智库界长期关注、研究的重要课题。2018 年 4 月 18 日，上海社会科学院、光明日报社、南通大学在沪联合主办第四届长江经济带发展论坛。论坛聚焦"改革开放四十周年与长江经济带发展"主题，吸引了来自国家高端智库、高等院校、地方社科院等单位的 100 余位嘉宾参会，探讨长江经济带绿色发展的宏阔实践与光明前景。会上，来自上海社会科学院的王振副院长给在座的嘉宾、代表，带来了一场题为"长江经济带协同推进创新驱动产业转型升级的三大战略要务"的主题演讲。

各位专家、各位与会代表，今天，我代表我们课题组作一个交流。这两年，我们组织了一个比较大的课题"长江经济带重大战略研究"，我想就此谈几点战略性的思考。

此前，工信部提出了长江经济带产业创新升级的若干意见，他们提出了非常高的规划线路。我觉得在接下来的长江经济带发展中，一个是生态大保护；还有一个很重要的是创新驱动。而创新驱动的落脚点，我觉得不光是科技的研发，更要落在产业的转型升级上。

我们发现整个长江经济带流域，最近几年出现了平行的同质化的驱动，这值得我们思考。长江经济带毕竟有上、中、下游，有比较大的区别。包括一个城市群当中，也有比较大的区别。这就需要我们在科技创新资源，特别是推动产业转型升级的创新资源的配置当中，要协同。如果不协同的话，可能会面临新的一些重复建设、资源浪费等问题。因此，这里我们就提出了三个要务。

第一个战略要务，实际上提出了三个抓手。第一个抓手是以共同打造世界级产业集群为导向，有利推进产业创新资源的协同配置。党的十九大报告，包括党中央国务院对长江经济带的规划当中，都非常明确提出要打造世界级产业集群。简单地理解世界级产业集群，我觉得有三个要素：一是产能规模要世界级的；二是领军者企业应该有全球影响力；三是整个行业、集群、科技创新应该走在全球集群的最前列，掌握关键技术、核心技术。如果按照这三个要素来对照现在长江经济带的几个有望成为世界级产业集群的领域，国家又提出了电子信息、汽车、高端装备、家电、纺织服装。在我们的研究当中，南通大学的团队还提到了农业，物流，等等。另外，在我们的课题研究中，像上海的航空航天、数字经济，这些都还是有望成为世界级。但是对照世界级三个要素，我们觉得差距还是很大。从整个区域来说，现在需要考虑资源配置，我们觉得要打造一个分层的，三个层级的资源配置。

首先，在世界级产业集群行业领军的总部集聚区，协同配置世界级的创新资源。这里提到的创新资源，讲的是高端的创新资源，不是什么地方都去配置的，只有少部分地区有这个能力去配置。

其次，在世界级产业集群的核心配套集聚区域，协同配置支撑国际竞争力的创新资源。特别是要支撑这个产业的资源配置，也要相应的调整。比如我们在专业性的制造业创新中心布局中就要充分考虑核心配套集聚区建设的变化跟空间的配置。

再次，是世界级产业集群的产业转移承接区，要协同配置，保障产业升级的创新资源，这有利于我们提升产业集群的国际竞争力。

我觉得以培育造就新经济为导向，构建分层协同的科技创新支撑体系，转型升级是很重要的新动能。在高端创新资源集中的大城市大力推进科技创新策源地建设，为培育造就新经济提供强大的引擎动能。在这方面我觉得要构建“一龙头、三集群、三联盟”的科技创新策源地，上海是策源地，但整个长江经济带不光这一个策源地，实际上是有三个集群，包括长三角城市群和成渝城市群，还有长江中游城市群。此外，科技创新策源地还涉及前沿科技合作联盟、科技创新公共服务平台的互联互通联盟，这个联盟不是一个纵向的联谊会，我们认为这个联盟应该是新型的紧密型的，只有这些联盟能够全面发展，才能更好地发挥策源地的功能。

另外，我觉得以绿色发展为导向，协同推进绿色科技与绿色制造的深度融合。今天上午曾刚教授、孙长学研究员也都提到了。《政府工作报告》里提出“生态为先，绿色发展”，我觉得应该把绿色发展放到更高的高度，我们要做的是绿色科技与绿色制造的深度融合。从我们的研究角度，就是要围绕产业链，布局绿色科技创新链。这一块现在是最薄弱的，为什么？现在做绿色科技研发的往往公益性比较多，所以缺乏动能。反过来从产业链来说，配置这个链条成本很大，成本一大，市场竞争力就受到影响。这里我们需要政府去努力做两件事情，一是要想办法把绿色科技研发，通过公共的研发做起来。然后作为公共产品提供给企业用，降低企业的成本。二是对绿色制造、绿色发展的企业应该有一系列的优惠政策。特别是在设立绿色发展示范区上面，能不能在示范区里面真正赋予一些特殊政策？值得我们期待！

（来源：长江经济网）

“共抓大保护，不搞大开发”

——成长春教授如此阐述“协调性均衡发展”

2018年4月18日，由上海社科院、光明日报社、南通大学共同主办的第四届长江经济带发展论坛在上海举行。来自全国18个省市的100余名专家学者齐聚一堂，共同探讨长江经济带协同发展的科学基础、分析方法、实践应用等问题，为长江经济带的建设发展出谋划策。

“推动长江经济带建设，既要保住青山绿水，又要实现经济效益。要解决好保护与开发的矛盾，实现共抓大保护、不搞大开发背景下的高质量发展。”南通大学原党委书记、江苏长江经济带研究院院长成长春教授在论坛上阐述了“协调性均衡推动长江经济带高质量发展”的路径和愿景。

成长春说，长江经济带横跨我国地理三大阶梯，不同区域之间的资源、环境、交通、产业基础等发展条件差异较大，地区间发展差距明显。当前阶段，推动长江经济带发展面临着一系列问题，核心问题是省、市之间，以及人与自然之间不平衡不充分的发展。“要通过协调性均衡发展，解决不平衡不充分问题，实现高质量的目标。”

最近，由成长春教授领衔的教育部哲学社会科学研究重大课题攻

关项目“推动长江经济带发展重大战略研究”开题。课题将对长江经济带沿线11省市经济社会之间以及人与自然之间存在的不平衡不充分发展问题开展联合攻关。

“协调性均衡发展，包括协调性均衡推动长江经济带绿色发展、协调性均衡推动科创资源的区域统筹、协调性均衡推动构建现代产业体系、协调性均衡推动打造综合立体交通走廊、协调性均衡推动统一大

市场建设、协调性均衡推动长江经济带对外开放新格局的形成。”

成长春提出，要协同区域性立法权限和立法资源，完善流域综合性的法律规范，形成统筹整个经济带的水资源保护和污染防治、生态环境保护、资源开发管理等各个方面有法可依的综合性法律框架；充分发挥上海全球科创中心引领作用，构建全流域协同创新机制；加强沿线省市在实体经济、科技创新、现代金融、人力资源等方面的协同发展，加快推进形成城市分工协作的发展格局；加强各种运输方式的衔接和综合交通枢纽建设，加快多式联运发展，完善复合多式联运交通系统，建成安全便捷、绿色低碳的综合立体交通走廊，增强对长江经济带发展的战略支撑力；以区域协调的交通网络为基础，配置以不同区域间政策和管理的对接，推进经济带内产业有序转移、要素自由流动以及城市群间的连接与发展；发挥长江经济带 11 省市与上海、浙江、湖北、重庆、四川 5 个自贸区重叠结合的优势，在提升自贸区功能的同时积极打造自贸港，努力提升开放型经济水平。

成长春期待，通过协调性均衡发展，解决长江流域发展不平衡不充分问题，将长江经济带建成生态文明建设的先行示范带、引领全国转型发展的创新驱动带、具有全球影响力的内河经济带、东中西互动合作的协调发展带。

（来源：《南通日报》）

第四届长江经济带发展论坛：发展必以生态绿色为引领

东方网记者桑怡4月18日报道："在改革开放四十年之际，长江经济带依然能显现其战略导向作用。"今天上午，在第四届长江经济带发展论坛上，国家发改委宏观经济研究院战略规划室主任孙长学对长江经济带未来建设显得信心十足。

第四届长江经济带发展论坛在上海召开

长江产经研究院首席专家、南京大学原党委书记洪银兴也持相同观点，他说，改革开放40年，长江经济带发生了翻天覆地的变化，尤其是以上海为代表的长三角城市群，这些地方在经济发展、对外开放和社会建设方面，都走在了国家改革开放的前列。近年来，长江上中游的各个省市奋起直追，无论是基础设施建设，还是对外开放、经济增长，都交出了靓丽的成绩表，地区差距大大缩小。他建议，在今后长江经济带的建设中，仍要凸显优势，以科技创新带动毗邻城市同城化，放大核心城市经济增长能级，使长江经济带经济空间进一步扩大。洪银兴解释："同城化并非让所有城市千篇一律，而是把科技创新和科技成果转化在空间上区分开。"例如，随着城市间交通建设日趋完善，以后完全有条件把上海张江的科技放到南通去进行产业转化，让城市之间形成互补功能。同时，他也指出，长江经济带发展必须建立在生态保护、绿色发展基础之上。

洪银兴这番说法与华东师范大学城市发展研究院院长曾刚所做的研究不谋而合。根据曾刚及其团队的研究，他们发现，长江经济带发展到现阶段，并非以生态发展作为驱动力。而未来的战略发展规划将扭转这一局面，"生态发展不是不发展，而是以科技带动绿色发展"，曾刚说。

党的十九大报告提出，"以共抓大保护、不搞大开发为导向推动长江经济带发展"，为长江经济带发展明确了方向，指明了路径。长江经济带要在构建共抓生态大保护的体制机制上探索实践，在走出协同创新、绿色发展的有效路径上探索实践。

以生态引领长江经济带发展得到与会专家的高度认同。洪银兴建议在同城化发展的规划中，留出专门的生态区。江苏长江经济带研究院院长、南通大学原党委书记成长春也认为，生态优先应是未来长江经济带发展的着重点。湖北省社科院副院长秦尊文呼吁关注长江上中游地区未来经济走向，寻找长江经济带能级增长的突破口。

来自全国各地的200多名专家学者、企业人士出席了今天的论坛。论坛还通过了长江经济带发展论坛章程，组建了首届学术委员会，并发布了"长江经济带重大战略研究丛书"。

（来源：东方网）

关注生态经济平衡发展
第四届长江经济带发展论坛在沪举行

2018年4月18日上午，由上海社会科学院、光明日报社、南通大学联合主办，湖北省社会科学院、重庆社会科学院、四川省社会科学院协办的第四届长江经济带发展论坛，在上海社会科学院举行。

本届论坛以“改革开放四十周年与长江经济带发展”为主题，围绕长江经济带的发展与机遇、区域大合作和共抓大保护3个热点议题展开深入研讨。洪银兴、成长春、秦尊文、曾刚、王振、陈全、孔凡斌等14位长期从事长江经济带经济发展、生态保护和区域合作的专家学者发表了最新研究成果和观点。来自全国各地的200多名专家学者、企业人士、政府干部、媒体记者出席论坛。

长江经济带以全国1/5的土地面积和2/5的常住人口，创造了近一半的国内生产总值；区域内长三角城市群、长江中游城市群、成渝城市群三大国家级城市群沿江分布，并拥有124个地级市，占全国总量的2/5。

改革开放40年，长江经济带发生了翻天覆地的变化。在国家经济

第四届长江经济带发展论坛在上海社会科学院举行

地理版图上，在上海及长三角城市群的引领下，长江经济带的经济发展、对外开放和社会建设，都走在了国家改革开放的前列。这些年特别值得关注的是，长江上中游的各个省市，无论是基础设施建设，还是对外开放、经济增长，都交出了非常靓丽的成绩表，地区差距大大缩小，为下一步的共建共荣、建设高质量经济体系和率先现代化打下了很好的基础。

与会专家认为，在建设社会主义现代化国家的新时代，长江经济带既肩负着率先建设、率先实现的重任，也肩负着消除地区间不平衡性的重任。强化协同机制建设，促进区域协调发展，是更好实施长江经济带战略的基础和关键。党的十九大报告提出，“以共抓大保护、不搞大开发为导向推动长江经济带发展”，为长江经济带发展明确了方向，指明了路径。长江经济带要在构建共抓生态大保护的体制机制上探索实践，在走出协同创新、绿色发展的有效路径上探索实践。

光明日报社总编辑张政、中共上海市委宣传部副部长燕爽、上海社会科学院院长张道根、南通大学党委书记浦玉忠等在论坛开幕式上致辞。论坛通过了长江经济带发展论坛章程，组建了首届学术委员会，这标志着运转4年的长江经济带发展论坛正式建立长效运行机制。论坛还发布了由上海人民出版社出版的8卷本“长江经济带重大战略研究丛书”。

（来源：《新民晚报》）

第四届长江经济带论坛上经济学家洪银兴等建言南通发展

站在新时代的最前沿，长江经济带各城市如何实现高质量发展，2018年4月18日在沪举行的第四届长江经济带论坛上，来自全国各地的专家学者深入探讨。对于南通未来的发展，他们提出独到见解。

大力推进同城化

著名经济学家、长江产经研究院首席专家洪银兴认为，南通的发展应该是长三角区域发展一体化和长江经济带建设这两个战略的衔接问题。他说，长江经济带的战略是“共抓大保护，不搞大开发”，而长三角的发展战略不仅是要大保护，同时也要大发展，因为它要成为整个国家经济发展的动力源，“如果没有大的发展是不能成为动力源的”。

洪银兴说，长三角一体化的前提，是以上海为中心的核心区的增长极功能要大大增强，而这个核心区的增长极功能不仅要靠上海，也必须要使上海和周边地区，特别是其毗邻的城市同城化，实现短板互补。

“南通过去由于长江天堑，和上海的联系是被割断的。但这几年来，南通和上海的交通，特别是几座大桥建成后，已经大大改善，在这方面，上海和南通已经同城化。”洪银兴说，南通的发展战略应该是围绕与上海同城化来进行建设。南通不仅要成为上海的北大门，也应该成为上海的一个副中心，包括把上海的一些基础设施延伸到南通，“如果南通的港口成为上海港口的一个组成部分，在这个方面就同城化了”。

洪银兴说，现在关键是产业，南通有比较大的产业空间，如何将上海的高科技研究成果在南通落地，使南通成为上海高科技的产业化基地，这就涉及一些政策和体制的安排。另外，南通的规划必须和上海对接。

做好“加减乘除”

“加减乘除做得好不好，关系到南通未来的发展前景。”华东师范大学城市发展研究院院长曾刚认为，南通新时期要做好“加减乘除”。

“南通和上海、苏州相比，应该具有明显的后发优势的潜力，可以避免别人走过的弯路，做一些别人想做而没有条件或者不再有机会做的事情。”曾刚说，所谓“加法”，就是南通的发展，要承接从全球基于中国制造 2025 十大领域的产业转移；所谓减法，就是南通的后发优势在于开发强度比较低，这样的减法要坚决减下去。“现在不减下去，将来减的时候会有更大的成本，错失很多的发展机会。”

“乘法就是区域联动。”曾刚认为，南通有很好的条件，有很好的文化。相对于长三角地区，除了南京，南通的文化跟苏州这些城市相比，有自己的特点。“要做一个苏北、苏南之间联系的通道，包括上海跟其他地区联系的一个通道。”

“除法，应该有一点四两拨千斤的作用。”在曾刚看来，“我们做一些东西，比如产业高端转移基地，不仅应该跟上海对接、跟苏州对接、跟南京对接，最主要的是要跟全球比较领先的地方对接。同时，要很好地利用江苏有那么多前期积累的大型企业想走出国门的机会。”

共同发展新经济

上海社科院副院长王振说，现在的南通是上海大都市圈的北大门，越来越成为大上海的一个重要组成部分。如何融入上海大都市圈的发展？不仅是人的融入、文化的融入，更多的要去考虑城市功能的融入、产业的融入。从城市功能来说，一方面要提升自己的功能，同时要把上海的这些功能嫁接到南通，如航运、科技创新、贸易等。而产业的融入，“现在上海的产业也处于转型升级中，如高科技转型升级，重点在培育新经济、新兴产业，在这个过程中，南通要承接、配套上海发展中相对优势较弱化的一些产业，在支持上海优势产业发展的同时，实现南通的产业发展”。

王振同时建议，在新经济的发展中，抓住上海新经济科技创新的溢出，能够更多更强地辐射影响带动南通的发展。“沪通两地可以协同打造区域性新经济发展的高地。一方面，南通在科技创新上要用好上海资源；另一方面，要围绕上海高新技术产业或者说未来产业的培育壮大过程，做好协同配合文章。”

（来源：南通网）

论坛章程及学术委员会

长江经济带发展论坛章程

第一条 长江经济带发展论坛，由南通大学于2015年发起创办，光明日报社、上海社会科学院于2016年起加入联合主办。本论坛每年举办一届，旨在为从事长江经济带研究的专家学者、政府官员和企业人士，搭建一个专业的学术研讨平台。

第二条 本论坛的组织宗旨：贯彻落实党的十九大精神，在新时代背景下，以促进区域合作，繁荣学术研究为宗旨，围绕长江经济带建设的重大战略和政策问题，深化研究和交流，推动学术创新和决策建言。

第三条 本论坛的组织方式：采取主办单位和协办单位合作组织模式，由上海社会科学院、光明日报社、南通大学及举办地智库单位为年度论坛的主办单位，由湖北省社会科学院、重庆社会科学院、四川省社会科学院为年度论坛的协办单位，并可吸收若干智库单位和企业为支持单位。

第四条 本论坛建立学术委员会领导下的运行机制。成立长江经济带发展论坛学术委员会，设置主任一名、轮值主任两名、秘书长一名、副秘书长一名和委员若干名。学术委员会委员由从事长江经济带区域发展研究的著名、知名专家学者组成。每三年为一届，在每年论坛期间可对委员进行增补或调整。

第五条 本论坛日常工作由秘书处负责。在上海社会科学院科研处和江苏长江经济带研究院设立秘书处，共同组织和服务每年组织的各项交流活动。秘书处提出年度工作计划，经学术委员会审议同意后执行。

第六条 本论坛每年举办两次学术活动：(1)每年组织一次面向社会的大型论坛；(2)每年组织一次学术性圆桌会议（含学术委员会会议）。

第七条 本论坛所需经费主要由主办单位提供。可请求协办单位、支持单位提供一定的经费支持。本着节俭办会原则，各地参会人员所需的交通费、住宿费等自理。

第八条 本论坛的组织、运行必须严格遵守国家法律法规。学术委员会委员和相关工作人员要积极扩大和维护本论坛的声誉。

第九条 本章程经学术委员会主任会议讨论通过后实施。

2018 年 4 月 18 日

长江经济带发展论坛首届学术委员会名单

主　任：

洪银兴　长江产业经济研究院首席专家、南京大学原党委书记

轮值主任：

成长春　江苏长江经济带研究院院长、南通大学原党委书记

王　振　上海社会科学院副院长、长江经济带蓝皮书主编

委　员（按人名英文字母排序）：

陈文玲　中国国际经济交流中心总经济师

陈　全　重庆社会科学院院长、党组书记

成长春　江苏长江经济带研究院院长、南通大学原党委书记

洪银兴　长江产业经济研究院首席专家、南京大学原党委书记

金　碚　中国社会科学院学部委员、中国区域经济学会会长

蒋乃华　南通大学副校长

孔凡斌　江西省社会科学院副院长

彭智敏　湖北省社会科学院长江经济带研究所所长
秦尊文　湖北省社会科学院副院长、长江中游城市群研究中心主任
盛　毅　四川省社科院副院长
陈建军　浙江大学城市与区域研究中心主任
孙长学　国家发改委宏观经济研究院战略规划室主任
王　振　上海社会科学院副院长、长江经济带蓝皮书主编
王斯敏　光明日报社智库研究与发布中心主任
吴晓华　国家发改委宏观经济研究院副院长
吴先满　江苏省社会科学院副院长
徐长乐　华东师范大学教授
叶必丰　上海社会科学院法学研究所所长
曾　刚　华东师范大学城市发展研究院院长
张　波　重庆社会科学院副院长
张兆安　上海社会科学院副院长、全国人大代表
张学良　上海财经大学城市与区域科学学院副院长
张建清　武汉大学中部发展研究院常务副院长

秘书长：

王　振　上海社会科学院副院长

副秘书长：

周威平　江苏长江经济带研究院常务副院长

2018 年 4 月 18 日

图书在版编目(CIP)数据

改革开放四十周年与长江经济带发展：第四届长江经济带发展论坛论集 / 王振主编. —上海：上海社会科学院出版社，2019
ISBN 978-7-5520-2708-2

Ⅰ. ①改… Ⅱ. ①王… Ⅲ. ①长江经济带—区域经济发展—文集 Ⅳ. ①F127.5-53

中国版本图书馆 CIP 数据核字(2019)第 039067 号

改革开放四十周年与长江经济带发展
——第四届长江经济带发展论坛论集

主　　编：王　振
副 主 编：陈国政
责任编辑：董汉玲
封面设计：周清华
出版发行：上海社会科学院出版社
　　　　　上海顺昌路 622 号　邮编 200025
　　　　　电话总机 021-63315900　销售热线 021-53063735
　　　　　http://www.sassp.org.cn　E-mail：sassp@sass.org.cn
照　　排：南京前锦排版服务有限公司
印　　刷：上海天地海设计印刷有限公司
开　　本：710×1010 毫米　1/16 开
印　　张：9.5
插　　页：7
字　　数：127 千字
版　　次：2019 年 4 月第 1 版　　2019 年 4 月第 1 次印刷

ISBN 978-7-5520-2708-2/F·569　　定价：60.00 元